# Zwischen Meditation und Selbsterfahrung
## Zeichnen mit geschlossenen Augen

# Zwischen Meditation und Selbsterfahrung
# Zeichnen mit geschlossenen Augen
# Ein Experiment

Manfred Blohm

fabrico®
verlag

Autor
Manfred Blohm, Prof. Dr. phil.,
ist derzeit Senior-Professor für Bildende Kunst an der
Europa-Universität Flensburg

**Kontaktlinien zwischen den Künsten, Kreativität und Therapeutischem**
**Schriftenreihe im fabrico verlag**


www.fabrico-verlag.de



ISBN: 978-3-946320-27-2

Bibliografische Information der Deutschen Nationalbibliothek:
Die Deutsche Nationalbibliothek verzeichnet diese Publikation in der Deutschen Nationalbibliografie; detaillierte bibliografische Daten sind im Internet über http://dnb.d-nb.de abrufbar.

## Vorwort

33 Tage zeichnete ich jeden Morgen mit geschlossenen Augen beim Meditieren. Es war ein Experiment für mich. Die Motivation es durchzuhalten war besonders auch davon geprägt, dass ich erstaunt war, wenn ich anschließend erblickte, was meine Hände jeweils gezeichnet hatten, während ich die Augen geschlossen gehalten hatte und beim Zeichnen meditierte.

Dieses Experiment ist eingebunden in ein größeres Publikationsprojekt, das sich praktisch wie theoretisch mit Fragen ästhetischer Erfahrungen von Zeit befasst. Anlass und Auslöser sind die diversen Lockdowns der letzten zwölf Monate, die dazu führten, dass Zeit plötzlich mehr und anders thematisiert wird als zuvor – individuell wie gesellschaftlich. Diese neue oder andere Thematisierung von Zeit ermöglicht – so meine These – Chancen, die ich ausloten möchte.

Interessant ist, dass es Betrachter:innen gibt, die davon ausgehen, dass die entstandenen Zeichnungen auf mein Unbewusstes deuten oder dass sie gar therapeutische Funktion haben. Das mag so sein, aber es gibt Indizien für Anderes. Was dieses Andere sein könnte, thematisiert dieses Buch.

Manfred Blohm, Februar 2021

# Inhaltsverzeichnis

## Zwischen Meditation und Selbsterfahrung

## Zeichnen mit geschlossenen Augen – Ein Experiment

Am Anfang werde ich meine Meditationserfahrungen beschreiben und die Frage erörtern, was in meinem Verständnis Meditation überhaupt ist.

Es gibt sehr unterschiedliche Meditationspraktiken. Viele von ihnen werden in unserer Gesellschaft und in unserer Zeit medial gut vermarktet und viele Menschen verbinden damit die Erwartung ruhiger, entspannter, gesünder und glücklicher zu werden. Meditation fordert aber aus meiner Sicht vor allem Zeit und Geduld und Durchhaltevermögen.

Ich werde an verschiedenen Stellen und aus unterschiedlichen Perspektiven Fragen nach den Sinnkonstruktionen und Sinnwahrnehmungen von Meditation und dem, was beim Zeichnen entstanden ist, stellen. Dabei gehe ich von meinen eigenen Wahrnehmungen und Erfahrungen aus.

Ich stelle mir zudem bei meinem Experiment selbst die Frage, ob es nicht ein Widerspruch ist, mit geschlossenen Augen zu zeichnen und zugleich zu versuchen zu meditieren. Bei meinen ersten Versuchen konnte ich feststellen, dass das Zeichnen oder Skizzieren Ablenkungen bereit hielt. Ich zeichnete meistens nicht sehr langsam. Ich war im Gegenteil überrascht, mit welchen unterschiedlichen Dynamiken die jeweils tätige Hand sich bewegte. Ich versuchte die jeweiligen Geschwindigkeiten und Dynamiken nicht zu beeinflussen. Das heißt, ich ließ die jeweils zeichnende Hand einfach gewähren. Anfangs gab ich mir zwei Regeln, die eine, dass sich die beiden

Hände abwechseln sollten und die andere, dass die Hände beim Zeichnen in Berührung bleiben sollten. Letztere Regel gab ich rasch auf, weil die jeweils zeichnende Hand möglichst viel Freiraum haben sollte.

Anfangs war die Meditation dadurch gestört, dass ich meine Aufmerksamkeit auf die zeichnende Hand lenkte und mir vorzustellen versuchte, wie das, was dort entstand, wohl aussah. Dieses Abgelenktsein von der Meditation ließ nach und die eigenstän-

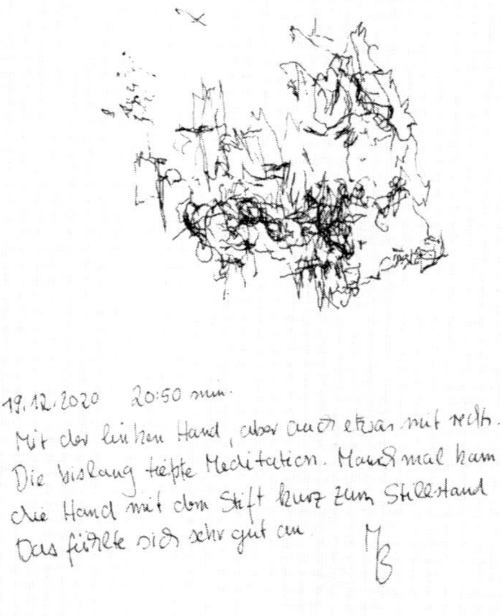

digen Bewegungen der jeweils zeichnenden Hand und meine Meditationen gingen zunehmend so etwas wie eine Beziehung ein. Das bedeutete auch, dass ich zunehmend ruhiger und zugleich konzentrierter wurde beim zeichnenden Meditieren.

Die Begriffe Gehirn, Geist und Ich/Selbst werden in diesem Text nicht immer exakt voneinander abgegrenzt verwendet. Wenn von Gehirn die Rede ist, so ist damit der Ort gemeint, an dem Gedanken und auch Emotionen entstehen und für mein Ich wahrnehmbar werden. Von Selbst ist die Rede, wenn ich (oder etwas von mir) mich selbst beobachte(t). Das Ich ist der Ort meines Selbstwusstseins, also der Ort, der all das reflektiert, was hier thematisiert wird.

## Meditationserfahrungen

Seit mehr als vier Jahren meditiere ich nahezu täglich. Es ist eine Meditationsform, die ich erlernt und für mich in Teilaspekten abgewandelt habe, beziehungsweise die ich immer wieder weiter abwandle, um zu sehen, ob und inwiefern sie zu mir passt, wie sie sich anfühlt und welche Erfahrungen damit verbunden sind. Mir gelingt es nur temporär jemanden als Vorbild zu nehmen. Ich vermute, dass es für viele Menschen sinnvoll sein kann, einer bestimmten Schule zu folgen. Ebenso mag es sinnvoll sein, einem Meister oder einem Guru und einer bestimmten Form zu folgen. Mein Weg ist dies eher nicht.

Äußere Formen können aber durchaus hilfreich sein aus meiner Sicht. In Meditationsklostern beispielsweise gibt es in aller Regel feste Rituale, Gebete, Mantras, Zeiten und manchmal auch einheitliche

Kleidungen. Sie alle haben zum Teil lange Traditionen. Dass das für die dort Meditierenden eine gute, passende und hilfreiche Rahmung ist, davon gehe ich aus, kann dies aber nicht wirklich beurteilen. Ich war vor einigen Jahren einige Tage in einem Schweigekloster und fand meine Erfahrungen dort interessant, aber nicht so, dass ich sie hätte für mein Leben übernehmen wollen.

Ich erhielt anfangs im Rahmen der Transzendentalen Meditation eine Einführung eines dort Lehrenden, der meines Erachtens genau richtig für mich war, denn er akzeptierte, dass ich den Ritualen dort nicht folgen konnte, beziehungsweise es in vielen Bereichen nicht wollte.

Längere Zeit hatte ich – wie ich dies gelernt hatte – eine Meditations-App auf meinem Handy so eingestellt, dass sie nach 20 Minuten mit einem Gong endete. Dies ermöglichte mir in der relativen Zeitlosigkeit dieser 20 Minuten, in denen ich mit geschlossenen Augen meditierte, eine Rahmung. Nach 20 Minuten ertönte der Gong und ich ließ die Meditation langsam ausklingen. Mit Zeitlosigkeit meine ich, dass sich in der Meditation die Zeit gewissermaßen entzieht und als Koordinate sozusagen abhanden kommt. Das ist an sich nichts Ungewöhnliches, denn auch in unserem Alltagleben und Alltagserleben kommt die Zeit gewissermaßen abhanden oder entzieht sich unserer Wahrnehmung, wenn wir beispielsweise mit einer Sache sehr intensiv beschäftigt sind. Mihaly Csikzentmihalyi beschreibt diesen Verlust des Zeitgefühls in seinem Buch über „Flow und Kreativität“: „Im allgemeinen vergißt man im *Flow* die Zeit, so dass

Stunden oft wie Minuten erscheinen. Oder es geschieht das Gegenteil..." (Csikzentmihalyi: 165) Marc Wittmann verbindet mit dem Gedanken des Flow „höchste Konzentration". „Diese Konzentration auf eine Sache bedingt, dass die Zeit gar nicht beachtet wird; die Zeit verfliegt, als wäre sie gar nicht vorhanden." (Wittmann: 78) Hier sehe ich große Ähnlichkeiten zur Meditation.

Zeit gerät auf andere Weise in den Fokus unserer Aufmerksamkeit, wenn normale gewohnte Zeitrhythmen außer Kraft gesetzt sind, beispielsweise in der Langeweile, wenn nichts passiert und dieses Nicht-Passieren als fremd bestimmt erlebt wird oder zum Beispiel beim Warten beim Zahnarzt.

Robert Levine schreibt, dass für einen buddhistischen Meister „ein Moment ewig sein kann. Eine der grundlegenden Übungen des Zen-Buddhismus ist es, das Hier und Jetzt so vollkommen wahrzunehmen, dass die Zeit stillzustehen scheint." (Levine: 66) Das, was buddhistischen Meistern nach vielem Üben gelingt, entsteht im Alltag in Ansätzen vielleicht dort, wo Menschen im Flow handeln. Im Flow werden „Ablenkungen vom *Bewusstsein* ausgeschlossen. Ein (...) weiteres typisches Element ist, dass man ausschließlich auf Dinge achtet, die für das Hier und Jetzt relevant sind. ... *Flow* ist das Ergebnis einer intensiven Konzentration auf die Gegenwart, was die normalen Ängste und Sorgen des Alltags von uns abfallen lässt." (Csikzentmihalyi: 164) Hier stellt sich selbstverständlich die Frage, ob die Verwandtschaft oder Ähnlichkeit nicht vor allem auf einem einzelnen Aspekt der Meditation beruht, nämlich dem der Konzentration auf eine (sich unter Umständen dehnende) Gegenwart. Der Kontext des Flows bezieht sich eher auf das Handeln, die Meditation eher auf das konzentrierte Nicht-Handeln.

Gerade am Anfang des Meditierens rückt die Zeit ebenso in den Fokus der Aufmerksamkeit, weil man sich fragt, wie lange man noch meditieren muss und wie viel Zeit wohl schon vergangen ist. Das ist zumindest mir relativ lange so ergangen. Zu dieser Zeit schien mir die Zeit tatsächlich sehr langsam zu vergehen, denn es gab ja nichts, was meine Aufmerksamkeit fesselte. So verfiel ich manchmal ins Tagträumen. Es war natürlich keine meditative Dehnung der Zeit, sondern eher eine, die meine Aufmerksamkeit auf mich selbst lenkte und mir die Abwesenheit von alltäglichen Beschäftigungen und Ablenkungen ins Bewusstsein kommen ließ.

Nach etwa drei Jahren täglicher Meditation schaltete ich die Meditations-App aus und meditiere seitdem weiterhin mit geschlossenen Augen, ohne jedoch auf eine Zeitvorgabe zu achten. Offensichtlich hatte die vorher lange Zeit eingeübte Meditation mit dem Gong die Wirkung, dass sich meine Meditationen ohne Gong grob an diesem Zeitrahmen orientieren. Ich meditiere in aller Regel zwischen 18 und 38 Minuten täglich mit geschlossenen Augen. Etwas in mir weiß, wann es genug ist mit der Meditation, mein Bewusstsein weiß es nicht.

Als ich heute, da ich an diesem Text schrieb, im ICE saß, meditierte ich zu meiner eigenen Überraschung nur etwas mehr als 11 Minuten, die mir vorkamen wie 20 Minuten. Zunächst war ich enttäuscht, dass ich nicht länger ‚durchgehalten' hatte, aber andererseits kam es mir so vor, als sei dies eine sehr gute und tiefe Meditation gewesen.

Das lässt die Frage aufkommen: Wann ist eine Meditation ‚gut'? Eine persönliche Einschätzung: Ich empfinde sie dann gut, wenn ich möglichst nicht von Gedanken sozusagen ‚gefangen' genommen bin, wenn ich also das Gefühl habe, ich setze mich in der Meditation weder mit Aspekten meiner Vergangenheit auseinander, noch mit Aspekten der unmittelbaren Zukunft. In einer ‚guten' Meditation ‚meldet' sich auch mein Körper nicht. Und es gibt einen Meditationszustand, der merkwürdigerweise etwas in mir auf einem Punkt oberhalb zwischen meinen Augen fokussiert und zumindest für Momente einen Zustand ermöglicht, der sich von allen anderen unterscheidet und in meinem Alltag nicht vorhanden ist. Ich kann ihn schwer beschreiben, schon gar nicht fassen.

Am besten wäre eine gute Meditation vielleicht vergleichbar mit einem leeren Blatt Zeichenpapier (s. Abb. nächste Seite). Es ist ja nicht bemalt oder beschrieben, hat aber eine Oberfläche mit einer Struktur und Licht und Schatten. Diese Struktur zeigt nichts Gegenständliches. Sie verändert sich durch den Einfluss des Lichts. Und für uns nicht wahrnehmbar wird sich dieses Blatt Papier so lange verändern bis es allmählich in Jahren, Jahrzehnten oder Jahrhunderten zerfällt. Je nach Nähe oder Distanz des Betrachtenden verändert sich die Wahrnehmung des Blattes. Schon in einem Meter Entfernung sehe ich die Strukturen des Blattes nicht mehr, ebenso, wenn zu viel oder zu wenig Licht darauf fällt. Der Quanten-Physiker Carlo Rovelli schreibt „Wir verstehen die Welt in ihrem Werden, nicht in ihrem Sein. „Dinge" sind selbst nur Geschehnisse, die für kurze Zeit monoton ab-

laufen. Denn selbstverständlich zerfällt früher oder später alles wieder zu Staub." (Rovelli: 89) Und an anderer Stelle schreibt er: „Wir verstehen die Welt, wenn wir Veränderungen, nicht Dinge untersuchen." (Rovelli: 87). In tiefer Meditation so scheint es mir, lösen sich die Dinge, die an der Oberfläche bedeutsam sind, Gedanken, Erinnerungen oder körperliche Befindlichkeiten auf und die Wahrnehmung richtet sich auf das, was sich darunter befindet. Aber auch das, was uns dort zur Erscheinung kommt, ist ständigem Wandel unterworfen, einem Wandel, den wir im Alltag nicht wahrzunehmen in der Lage sind.

Ich gehe davon aus, dass ich auch nach mehr als vier Jahren noch Meditationsanfänger bin, zumal ich nur einmal täglich meditiere. Dennoch ist die Meditation so etwas wie eine alltägliche Gewohnheit für mich geworden, auf die ich mich meist freue. Wenn ich meditiere, dann habe ich kein inneres Thema. Ich konzentriere mich auch auf nichts, weder zum Beispiel auf meinem Atem, noch auf einen Begriff oder eine Frage. Es ist auch nicht so, dass alle Meditationen gleich verlaufen. Ich nehme ja (leider) meinen Alltag mit hinein in die Meditation, also beispielsweise etwas, auf das ich mich freue oder das mich gerade erfreut hat, etwas, das mich ärgert oder mir Sorgen bereitet. Manchmal sind es auch eine Aufgabe, die auf mich wartet oder ein bevorstehendes Treffen mit einem Menschen, die meine Meditation beeinflussen. Unterschiedliche Gedanken kommen und gehen. Und manchmal herrscht Ruhe. Die Ruhe des leeren Blattes. Aber meist nur sehr kurz. Sie vergeht wieder, spätestens dann, wenn ich denke „Oh, wie schön, jetzt ist Ruhe!".

Ich habe keine besonderen Erwartungen an das Meditieren. Von irgendeiner Erleuchtung bin ich weit entfernt. Manchmal denke ich, dass ich dabei bin, in einen neuen Zustand einzutreten, aber ich bin mir nicht einmal sicher, ob ich mir das nur einbilde. Vielleicht ist da etwas, was ich für einen Moment fühle oder erahne, aber im nächsten Moment löst es sich auf, weil ich denke „Oh, da passiert ja etwas!" Mit diesem Gedanken werde ich wieder in das Denken geleitet, aber Denken ist weder Ruhe noch passiert beim Denken etwas im Sinne des „Oh, da passiert ja etwas!". Allmählich – nicht immer, nicht einmal die meiste Zeit – kann ich das Denken betrachten wie etwas, das auf mich zugeflogen kommt und das dann auch wieder weiterfliegt. Ich bin dann der, der mich beobachtet beim Betrachten eines Gedankens. In diesen Momenten nehme ich mich als jemand wahr, der gewissermaßen nicht betroffen ist von dem, was ich denke. Ich nehme in solchen Momenten mich selbst beim Denken wahr und bin doch zugleich derjenige, der denkt.

Gedanken, die mit Gefühlen verbunden sind, die mich während der Meditation besuchen, haben eine besondere Macht. Sie ziehen meist nicht vorbei, sondern ich muss durch sie hindurchtauchen, ohne zu wissen, wie lange und wie tief ich tauchen muss, bis sie mich wieder verlassen.

Bezogen auf Gedanken habe ich die Erfahrung gemacht, dass es unterschiedliche Gedankensorten oder Gedankenformen gibt. Räumlich gesprochen scheint es Gedanken zu geben, die irgendwo in mir weit entfernt kurz am Horizont meiner inneren Wahrnehmung auftauchen und meine Aufmerksamkeit gewissermaßen streifen. Sie bleiben unscharf oder unkonturiert. Sie verfügen nicht über genügend Gravitationskraft und sind innerhalb

kürzester Zeit vorbeigezogen. Vielleicht kann man sie mit flüchtigen Skizzen (s.o.) oder einer Art Aufflackern beschreiben.

Je dichter ein Gedanke vor mir erscheint, desto konturierter wird er, und er kann sich länger im Feld meiner Aufmerksamkeit halten. Zuweilen gibt es auch Gedanken, die mich in der Meditation gewissermaßen umhüllen. In ihnen scheinen innere visuelle oder akustische Bilder, mal undeutlicher, mal deutlicher (s.u.). Sie fortziehen zu lassen oder wie oben beschrieben, hindurchzutauchen, ist vielleicht am schwierigsten, vermutlich deshalb, weil sie – bildlich gesprochen – die Aufmerksamkeit fesseln und in sich hineinziehen.

Bezogen auf meine Meditationen kann ich nicht feststellen, dass ich mich dadurch von Grund auf verändert habe. Gefühlt komme ich in meinem Alltag weiter an dieselben Grenzen wie zuvor.

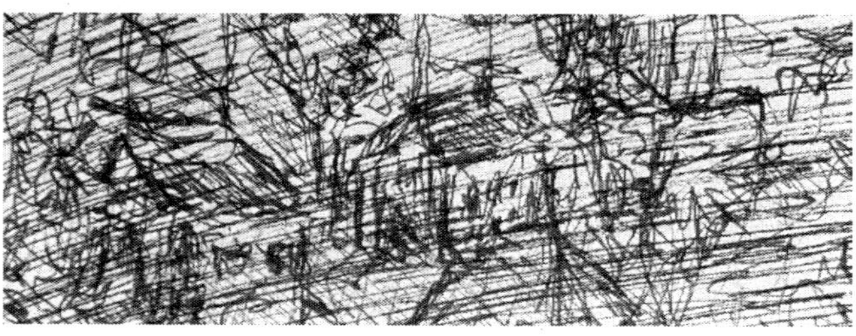

Ich habe – natürlich – das Ideal eines Ziels in der Ferne. Dieses Ziel ist so etwas wie Erleuchtung oder zumindest sehr tiefe Ruhe und Gelassenheit. Aber dass ich diese Ziele erreiche, davon gehe ich in diesem Leben nicht aus. Ich weiß auch nicht so genau, was Erleuchtung tatsächlich bedeuten würde und ob ich das gut finden würde, erleuchtet zu sein oder eher nicht. Ich vermute, dass ich irgendwie zu sehr mit dem Hier und Jetzt verbunden bin, obwohl es mir mit zunehmendem Alter immer absurder vorkommt, dieses Hier und Jetzt. Das scheint tendenziell vielen Menschen so zu gehen, dass ihnen ihr Alltag absurd, oder zumindest langweilig und banal vorkommt, denn wie anders wären die Erfolge des Fernsehers oder der neuen digitalen Medien zu erklären? Sie sind global für die meisten Menschen die Chance, aus dem Hier und Jetzt zumindest temporär zu entfliehen.

Beim Meditieren halte ich zwar die Augen geschlossen, nehme aber meine Umwelt und meinen Körper wahr. Ich höre das Ticken der Uhr oder in der Ferne vorbeifahrende Autos. Ich nehme auch Spannungen in meinem Körper war, manchmal juckt es am Kopf oder ich muss schlucken. Zunehmend sind diese Dinge aber nicht mehr wichtig. Sie verschwinden nach und nach aus meiner Aufmerksamkeit, spätestens nach geschätzten zwei bis drei Minuten. Ich bin dann bei mir und sitze möglichst aufrecht, aber so bequem, dass mir nichts wehtut. Irgendwann verschwindet dann die Zeit in mir – ich weiß dann nicht ob fünf Minuten, 10 Minuten oder 20 Minuten vergangen sind. Irgendwann regt sich etwas in mir und sagt, nun ist es genug für heute.

Zusammengefasst:

Ich meditiere nahezu jeden Tag seit mehr als vier Jahren, weil ich das so für mich entschieden habe. Ich frage einfach nicht nach dem Warum! Meditation ist für mich zunehmend eine Alltagspraxis geworden, die eher dem Essen und Trinken und der Körperhygiene verwandt ist, als dem Fernsehschauen oder Online-Spielen. Es ist für mich eine Form geworden, mein Hier und Jetzt auf eine neue Art auszukundschaften.

Meditieren ist für mich zugleich so etwas wie eine Übung und eine Routine, eine Konzentration, die aus einem Nicht-Handeln entsteht.

Es existiert übrigens noch eine andere Form der Meditation, die ich an mir selbst beobachte. Ich kenne sie seit meiner Kindheit. Sie wirkt von außen betrachtet wie Tagträumen. Ich hatte diese Meditation nie als Meditation benannt, aber ich finde, sie hat eine durchaus starke Verwandtschaft mit meiner soeben formulierten Meditationspraxis. Ich betreibe sie – wie beschrieben – seit meiner Kindheit, also einer Zeit, in der ich den Begriff Meditation gar nicht kannte:

In manchen Momenten schaue ich irgendwo hin, ohne etwas genau in den Blick zu nehmen und versinke in diesem Blick. Etwas in mir kommt zur Ruhe und ich bin dann einfach mit dem, was sich um mich herum befindet, auf eine stille Weise verbunden. „Träum nicht schon wieder!", sagte meine Mutter früher dann zu mir, wenn sie mich in solchen Momenten beobachtete. Dabei träumte ich in solchen Momenten überhaupt nicht, sondern ich war und bin einfach auf eine sehr angenehme Weise in einer Art zeitloser Gegenwart. Diese Art der Meditation geschah und geschieht ungewollt, ungeplant. Es waren und sind manchmal sehr kurze Momente, in der die Zeit keine Rolle spielte oder spielt.

## Meditation?
## Kurze Überlegungen zum Meditationsbegriff

Meditation ist in meinem Verständnis zunächst einmal eine Praxis, die, soweit dies möglich ist, die uns umgebene äußere Welt weitgehend ‚da draußen' lässt. Egal, ob man nun mit geschlossenen Augen meditiert, wie ich das tue, ob man gegen eine leere Wand schaut oder versucht im Alltag zu meditieren, zum Beispiel an der Bushaltestelle, es geht darum, möglichst bei sich und mit sich allein zu sein. Körperliche Aspekte, die beeinflussen können, wie das Sitzen auf einem Stuhl oder das Hocken auf einer Bank oder gar schwierigere Praktiken wie das Sitzen im Lotussitz mit überkreuzten Beinen können den Körper auf vielleicht unangenehme Weise in den Vordergrund drängen. Vielleicht fängt ein Bein an zu schmerzen oder es schläft ein. Vielleicht kommt anfangs ein Gefühl auf, man müsse sich irgendwo kratzen oder die Position verändern. All das ist eine Frage der Gewöhnung, und es lässt mit der Zeit und dem nötigen Durchhaltevermögen nach. Dennoch kann der Körper als unsere alltägliche Verbindung zur Welt genau diese störende Verbindung auf die genannten Weisen herstellen und zwar genau dann, wenn unser Körper möglichst zur Ruhe kommen soll.

Viel schwieriger ist es aber, die Gedanken leiser werden zu lassen oder zu üben, dass sie aufhören oder sich zumindest nicht in den den Vordergrund drängen. Auch unsere Gedanken stellen eine Verbindung zur Welt dar, seien es Erinnerungen oder Gedanken, die sich mit dem beschäftigen, mit dem wir es gerade zu tun haben, zum Beispiel beruflich, oder auch Gedanken über das, was vor uns liegt.

Der 1946 geborene Matthieu Ricard war Molekularbiologe am Institut Pasteur in Paris, bevor er buddhistischer Mönch wurde. Er formuliert zum Begriff Meditation: „Betrachten wir die Etymologie des asiatischen Wortes für „Meditation": Das Sanskritwort *bhavana* bedeutet „pflegen", „fördern", „kultivieren", das Tibetische *gom* heißt „vertraut werden"; das kann sich auf neue Eigenschaften und Einsichten beziehen, aber auch auf eine neue Lebenseinstellung. Man darf Meditation also nicht auf die weitverbreiteten Klischees „Entspannung" und „Leerwerden des Geistes" reduzieren." (Ricard in: Singer/Ricard: 27) Diese Herkünfte und Geschichte(n) des Wortes in unterschiedlichen Kulturen nimmt eher die Wege zur Meditation in den Blick und Meditation als Weg einer Haltung.

Aus der Perspektive der Zen-Meditation, einer aus meiner Sicht besonders strengen kulturellen Form, schreibt Hans-Peter Hempel: „Man muss sich schließlich so völlig in seinem Tun auflösen, dass auch schon jedes Nachdenken über das Tun verschwindet. So wird in einer solchen Grenzüberschreitung allen Planens, aller Absichten und aller Ziele, wenn das jeweilige Handeln spontan und ohne Anstrengung aus der Mitte unseres Daseins heraus erwachsen soll, jede Kunst zu wirklicher Kunst ..., zu einem direkten Ausdruck des Hier-Jetzt." (Hempel: 86) Dieses normative „Man muss sich ..." und die sich anschließenden Gedanken üben auf mich eine Faszination aus, allerdings entsprechen sie nicht meiner Form und meinen inneren Möglichkeiten. Dieses „müssen", also dass man sich in seinem Tun auflösen muss, nimmt mir persönlich den Gestaltungsraum, es macht mich unfrei als jemand, der sich einem solchen Leben nicht ganz verschreiben möchte und der eben nur etwa 20 Minuten am Tag meditiert.

Der Psychologe Ulrich Ott beschreibt die Vielfalt der Techniken und des Spektrums, die sich bezogen auf Meditationen kulturell gebildet und bis in unsere Zeit entwickelt haben: „Was die Techniken anbelangt, existiert ein breites Spektrum von unterschiedlichen Vorgehensweisen. Bei manchen meditativen Verfahren, wie dem Tai Chi, Qigong, Drehtanz der Sufis, einigen Varianten des Yoga, der Gehmeditation des Zen und der dynamischen Meditation nach Osho, stellen Bewegungen einen zentralen Aspekt der Methode dar. Dem steht eine Vielfalt von „stillen" Meditationsmethoden gegenüber, die großen Wert auf das bewegungslose Verharren in einer bestimmten Körperhaltung legen." (Ott: 141) Er verweist zudem darauf, dass in der heutigen Zeit Meditationen nicht rein religiösen Zwecken dienen, sondern auch in Kliniken eingesetzt werden, um psycho-somatische Leiden zu lindern oder sogar im Spitzensport, um sich beispielsweise auf Bewegungsabläufe besser konzentrieren zu können. Entsprechend sei es schwierig, „allgemeingültige definierende Merkmale für Meditation zu definieren." (Ott: 141)

Wenn ich meditiere (ohne zu zeichnen), also, wenn ich einfach still dasitze, dann kommen und gehen nicht nur Gedanken, sondern zudem ist mein Körper natürlich jenseits einer bewussten Steuerung ständig aktiv, selbst wenn ich dies nicht wahrnehme. Das Herz schlägt, die Organe sind tätig, mein Gehirn ist damit beschäftigt, einen meditativen Zustand herzustellen usw. Dabei weiß mein Gehirn oder mein Ich nicht einmal so ganz genau, was das eigentlich sein soll, der meditative Zustand. Ich fragte mich immer, was mein Meditationslehrer gerade erlebte oder erfuhr, wenn wir gemeinsam meditierten. Er meditiert immerhin über 40 Jahre und nicht nur täglich 20 Minuten, sondern hat unter anderem sehr intensiv und zurückgezogen viele Jahre im Himalaya meditierend verbracht. Er konnte mir nur bedingt beschreiben, was in ihm vorging und ich hatte das Gefühl, dass er aus irgendeinem Grunde nur wenig darüber mitteilen wollte.

## Suggestionen und Auto-Suggestionen?

Möglicherweise suggeriert mein Gehirn mir in der jeweiligen Situation des Meditierens, dass da etwas Besonderes in Gang kommt, das nur über Meditation möglich ist. Ich nehme an, dass sich Meditation in einem selbstreferentiellen Prozess entwickelt, vor allem dann, wenn der oder die Meditierende allein meditiert.

Suggestion und Auto-Suggestion meine ich dabei nicht in negativen Konnotationen, sondern gehe davon aus, dass sie besonders beim Einstieg in die Meditation eine notwendige Voraussetzung sind. Wenn ich die Begriffe Suggestion und Auto-Suggestion verwende, so beziehe ich mich tendenziell auf den englischen Begriff ‚Suggestion' und dessen Bedeutung. Das, was vor allem am Anfang beim Meditieren passiert, ist so etwas wie ein Vorschlag, ein Empfehlung oder manchmal auch nur eine Andeutung, die sowohl von außen kommen kann – also von Meditationslehrer:innen, Meditations-Apps o.ä. – als auch von innen, im Sinne von: Ich entspanne meinen Körper, ich habe das Gefühl, dass die Gedanken weniger werden usw. Der Verhaltensneurobiologe Niels Birbaumer schreibt über unser Gehirn: „Das Gehirn will Effekte, die als emotional positiv bewertet werden. Und es ist prinzipiell gleichgültig, worin diese bestehen. [...] Das Gehirn ist offen für alles, sofern es nur einen erwünschten Effekt bringt." (Birbaumer: 27) Meditieren wird also nur dann gelingen, wenn es vom Meditierenden emotional positiv bewertet wird. Ein solcher positiver Effekt kann sogar darin bestehen, sich toll oder cool zu finden oder von anderen so angesehen zu werden, weil man meditiert.

Ich vermute, dass am Anfang der meisten Meditationen über eine lange Zeit die Auto-Suggestion dominierend ist, also im Sinne davon, dass man ein Gefühl entwickelt, dass Meditation nun passiert. Meditation ist ja vor allem etwas, das ohne große Sinnesreize vonstatten geht. Es sei denn man meditiert mit vielen anderen Menschen in inszenierten Settings. Aber in einer reizarmen Situation richtet sich die Aufmerksamkeit auf alles, was an Ungewöhnlichem aufscheint, insbesondere was den eigenen Körper und dessen Befindlichkeit betrifft. Das Schließen der Augen oder in manchen Meditationspraxen das Betrachten einer leeren weißen Wand, schließt aus dem Alltag vertraute visuelle Ablenkungen aus. Ebenso das Akustische, wenn man beim Meditieren nicht die Aufmerksamkeit auf das Hören oder auch Zuhören lenkt.

„Ausschließen" bedeutet dabei nicht, dass die Sinne ihre Arbeit einstellen. Selbst bei geschlossenen Augen erscheinen visuelle Phänomene als quasi Entladungen auf der Netzhaut oder es fällt Licht durch das Augenlid und es entstehen Farbfelder. Ich habe die Erfahrung gemacht, dass je länger ich meditiere, desto weniger stören mich äußere Sinnesreize, vor allem Geräusche, es sein denn, es sind plötzliche, unerwartete und ungewöhnliche Geräusche.

Allmählich geraten nunmehr körperliche oder geistige Phänomene in den Fokus, die sonst eher keine Chance haben wahrgenommen zu werden. Körperspannungen können in den Aufmerksamkeitsfokus geraten, ebenso flüchtige oder wiederkehrende Gedanken, die im Alltag so vielfältig nebenbei auf uns einprasseln, dass man sie dort gar nicht mehr wahrnimmt etc.

So entsteht Aufmerksamkeit für bislang eher nicht Wahrgenommenes, weil der innere Raum dafür geöffnet ist. Lax formuliert: Wenn nichts mehr großartig los ist um uns und in uns, dann sucht sich unser Gehirn kleine, sonst unauffällige Reize und richtet die Aufmerksamkeit darauf. Das, was im Alltag ständig übertönt wird durch die Flut an Sinneseindrücken, an Angeboten von außen, erhält die Chance in den Fokus der Wahrnehmung zu gelangen. Wenn diese Phänomene positiv vom Meditierenden angesehen werden können, dann wird er oder sie das Meditieren durchhalten, zumindest dann, wenn diese positive Besetzung sich gegen andere vermeintlich ebensolche oder stärkere positive Erlebnisangebote durchsetzt. Meine Erfahrung hat mir allerdings auch gezeigt, dass ich solche ‚kleinen' Phänomene der Selbstwahrnehmung beim Meditieren manchmal in ihrer Bedeutung völlig überhöhe, was damit zu tun hat, dass ich Erwartungen an das Meditieren und das, was dort passieren müsste, habe.

Ich (oder mein Gehirn) erfinde(t) also quasi etwas als Meditation oder ich interpretiere das, was ich wahrnehme als Meditationszustand oder als etwas, was Meditation sein könnte oder müsste. Solche Suggestionen werden in vielen Lifestyle Meditationsangeboten sozusagen verstärkt oder – positiver ausgedrückt – unterstützt, zum Beispiel durch entsprechende meditative Musik, Düfte oder durch eine meditative Stimme, die die Übenden leitet und begleitet. Ich vermute, dass unser Gehirn extrem empfänglich ist für solche Suggestionen und sich quasi freut, wenn es solche äußeren Suggestionen den eigenen Auto-Suggestionsbemühungen hinzufügen kann.

Solche Settings können sicherlich beruhigend und zum Beispiel blutdrucksenkend wirken oder die Atmung verlangsamen. Dadurch können therapeutische Erfolge erzielt werden. Und es bleibt dem Individuum überlassen vorgegebene, zum Teil in langen kulturellen Ausprägungen modellierten Meditationspraxen zu folgen oder sie irgendwann selbst zu gestalten.

Meditation kann jedoch auch allmählich und mit sehr viel Geduld ein Übungsfeld sein, die Aufmerksamkeit für bislang unentdecktes Neues und neue Wahrnehmungen und Wahrnehmungserfahrungen von Wirklichkeit zu richten. Das ist eher nicht spektakulär in einer schnelllebigen Zeit und insofern in unserem medialen Zeitalter schwer zu ‚vermarkten', weil alles, was sich langsam vollzieht und nicht einmal nach außen hin sichtbar und medial gut präsentierbar ist, es eher schwer hat, falls das denn überhaupt ein Ziel sein sollte.

Die Thematisierung von Zeit, rasch vergehende Zeit, sich dehnende Zeit oder auch die Wahrnehmung, dass sich Zeit gerade irgendwie aufzulösen scheint, ist ein Thema, was mich interessiert. Es ist auch ein Thema, das mich in der Meditation beschäftigt. Was ist eigentlich Zeit, wenn ich keine Koordinaten ihres Vergehens mehr habe, wenn sich also in der Meditation Zeit aufzulösen scheint? Oder ihr Vergehen ist einfach nicht mehr spürbar. Es ist selbstverständlich eine durchaus berechtigte Frage, wozu das gut oder sinnvoll sein kann, wenn es nicht zum Beispiel therapeutische Funktionen hat.

Es gibt – wie beschrieben – Meditationen, die bestimmte Funktionen haben, also therapeutische oder bestimmte Zwecke verfolgende – zum Beispiel im Sport, um konzentrierter zu sein – oder esoterische im Sinne eines Vertrauens auf altes, zum Teil vermeintlich geheimes Wissen. Das macht im Kontext der jeweiligen Lebenszusammenhänge Sinn, den ich nicht anzweifle!

Meditation kann aber auch als etwas verstanden werden, was keinen anderen Sinn hat, außer dem Üben von etwas, von dem man allenfalls ahnt, dass es sich möglicherweise lohnen könnte. Es ginge dann um eine Transzendenz der gewohnten alltäglichen Seinsmodi. Die Neugier darauf, dass da etwas ist oder sein könnte, Weisen der Wahrnehmung, die ich noch nicht kenne, zu erfahren, könnte ein Motor sein. Ok, ich mit meinen täglichen etwa 20 Minuten bin auch nach mehr als vier Jahren weit davon entfernt, dieses Andere angemessen wahrnehmen und erfahren zu können. Allenfalls eine Ahnung dessen, was gemeint sein kann, scheint mir möglich.

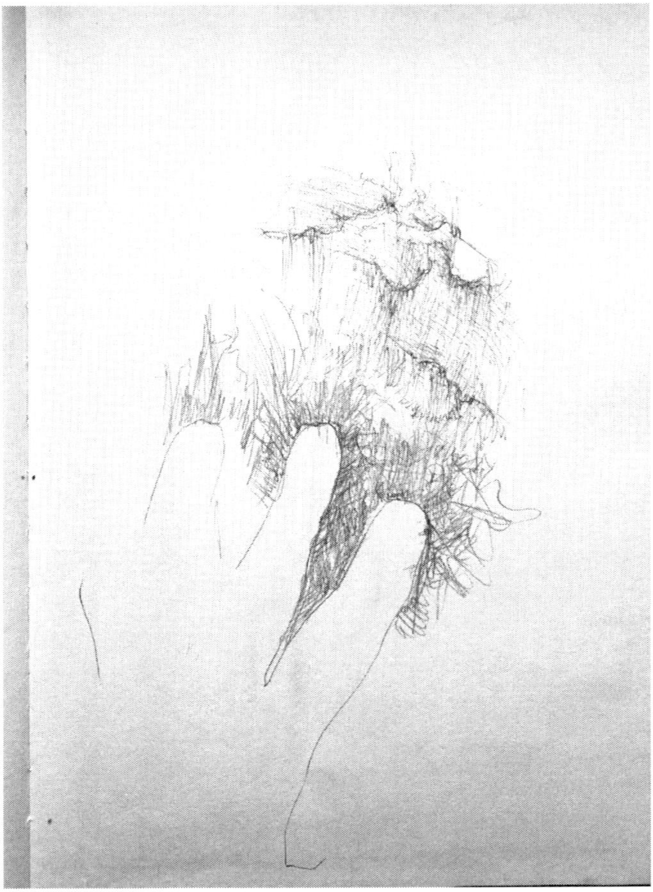

## Zeichnen mit geschlossenen Augen beim Meditieren

Der Anlass für das folgende Experiment gründete auf einer kunsttherapeutischen Weiterbildung, an der ich teilnehme. Wir Teilnehmenden bekamen von der Leiterin dieser Fortbildung ein Skizzenbuch im Din A4 Format geschenkt, verbunden mit der Aufgabe, darin möglichst täglich zwischendurch, während Gesprächen, Telefonaten oder beim Fernsehen zu kritzeln. Ich versuchte dies anfänglich, mir erschien die Aufgabe durchaus sinnvoll, allerdings war sie mir zu fremdbestimmt (s. Abbildung links). Ich habe im Laufe meines Lebens viel grafisch gearbeitet und habe selbst etliche Skizzenbücher gefüllt, aber dieses nun als Aufgabe auszuführen, hinterließ Ergebnisse, die für mich selbst nur sehr mäßig motivierend waren. Das Beispiel auf der linken Seite verweist aus meiner Sicht und in meiner Erinnerung auf eine mäßige Motivation, diese Aufgabe nunmehr täglich über eine längere Zeit regelmäßig durchzuführen.

Rasch kam mir mir die Idee, dieses zeichnerische Kritzeln probeweise mit meinen täglichen Meditationen zu verbinden, um zu schauen, ob das Zeichnen mit geschlossenen Augen überhaupt möglich ist und was entsteht, wenn ich konsequent die Augen geschlossen halte. Ich kaufte mir Fineliner und zeichnete erst mit 0.4 Stärke, später dann mit 0.2.

Der folgende Selbstversuch ist ein Experiment, das von folgenden Rahmungen geleitet wurde:

- Skizzieren beim Meditieren mit geschlossenen Augen, ohne zwischendurch zu blinzeln oder auf die Uhr zu schauen

- Keine von außen gesetzte zeitliche Begrenzung
- Tägliche Wiederholung mindestens einen Monat lang
- Wechsel von rechter und linker Hand
- Nach dem Öffnen der Augen beende ich sofort die Skizze und zeichne nicht weiter

Ist das Skizzieren mit geschlossenen Augen überhaupt eine Form, die mit der Meditation vereinbar ist? Ich habe diese Frage bereits eingangs gestellt, nehme sie hier aber nochmals auf.

Man kann diese Frage stellen, und auch fragen, ob meine Meditationen im Rahmen dieses Experimentes überhaupt Meditationen sind. Ich habe mich das selbst anfangs gefragt, zumal insbesondere in der Anfangsphase meine Aufmerksamkeit sehr auf das Zeichnen gerichtet war.

Das Denken und die Tätigkeit der Hand waren noch sehr miteinander verbunden, allerdings nicht in dem Sinne, dass mein Denken und die dabei entstehenden inneren Bilder die Zeichnung beziehungsweise die Skizze (ich verwende die Begriffe Skizze und Zeichnung im folgenden als Synonyme) dominierten. Vielmehr war ich ziemlich überrascht, welche Aufmerksamkeit einerseits die jeweils zeichnende Hand erzeugte. Andererseits entwickelten die rechte wie die linke Hand sofort so etwas wie ein Eigenleben, das sich ziemlich loslöste vom Denken und von den eher kurz aufflackernden inneren Bildern. Diese inneren Bilder bezogen sich teilweise auf Zeichnungen, die ich Verlaufe meines Lebens angefertigt hatte und vor allem auch auf Bilder, besonders Graphiken, aus der Geschichte der Kunst, die ich im Laufe meines beruflichen Lebens und meiner privaten Interessen gesehen hatte, beziehungsweise mit denen ich mich intensiv auseinandergesetzt hatte.

Allerdings sind diese kurz aufscheinenden künstlerischen Grafiken überhaupt nicht verbunden mit konkreten Arbeiten von Künstlern, an die ich mich erinnere. Es ist eher so, dass es so etwas wie atmosphärische Kurzeindrücke sind. Sie sind insofern sehr kurz, weil sie geschätzt nur wenige Augenblicke aufschienen. Vermutlich waren dies jeweils höchstens eine oder zwei Sekunden. Ich kann nur erinnern, dass es sich um grafische Arbeiten handelt, allerdings vermute ich eher, dass mein Gehirn atmosphärische Eindrücke solcher Arbeiten fragmenthaft zusammenfügt, ohne mir die Möglichkeit zu geben, sie in Ruhe zu betrachten. Ich erinnere, dass ich während der Meditationen versuchte, diese Bilder innerlich festzuhalten. Zugleich stellte ich mir selbst die Frage, ob sie irgendwelche Einflüsse auf die jeweils zeichnende Hand hatten. Wie in einigen der Zeichnungen hier beschrieben, gibt es Ansätze einer Kommunikation von Denken und Hand, die zumindest kurz zu Linienführungen beitrugen.

Insbesondere mit Zeichnungen und Radierungen Rembrandts hatte ich mich schon als Oberstufenschüler und später dann als Student beschäftigt. Ich hatte mich immer gefragt, wie Rembrandt es hinbekommen hatte, mit wenigen Strichen oder Schraffuren den Eindruck räumlicher Tiefe zu erzeugen, die Beleuchtung von Bäumen oder Gebäuden aufzuzeigen und aus der Abstraktion der rasch skizzierten Linien und Linienbeziehungen Landschaften zu erzeugen. Diese Darstellungen spiegelten die Atmosphären der holländischen Landschaften, die ich aus meiner Herkunftsregion an der norddeutschen Nordseeküste sehr gut kannte.

Es gibt in einigen der entstandenen Skizzen Elemente, in denen solche Aspekte sich andeuten. Ich vermute allerdings, dass viele dieser Aspekte durch das Zeichnen mit geschlossenen Augen oft verschwanden, da ich in weiteren, darauf folgenden Liniengesten und Bewegungen diese Spuren unsichtbar machte.

Zunächst fiel mir auf, dass die Ergebnisse, die ich sah, wenn ich die Augen öffnete, nahezu nichts mit dem zu tun hatten, was ich erwartete, als ich mit geschlossenen Augen skizzierte. Dabei ist es nicht so, dass ich konkrete Vorstellungen von den Bildern hatte. Vor allem was die Ausdehnung in der Fläche des Papiers betraf, hatte ich wenig Vorstellung. Ich hatte fast immer vermutet, dass die Bilder nahezu die gesamte Fläche des Papiers umfassten.

Tatsächlich unterschied sich die Meditation während der gesamten Zeit sehr stark von den Meditationen ohne zu zeichnen. Allerdings wurde das Zeichnen zunehmend zu etwas Selbstverständlichem im Rahmen der Meditationen. Und: Die jeweils zeichnende Hand emanzipierte sich von meinem Denken, genauer formuliert: Das Denken löste sich zunehmend auf und die Hände zeichneten in einer ziemlichen Autonomie.

Ich vermute, dass in das Zeichnen vor allem Gefühlsmomente einflossen, oder genauer: Befindlichkeiten, die ihren Ursprung im bisherigen Verlaufe des jeweiligen Tages hatten. Hinzufügen muss ich, dass ich ausschließlich morgens meditierend zeichnete.

Allerdings veränderten sich die Gefühlszustände beim Zeichnen, manchmal sogar in rascher Folge. Insofern kann man meines Erachtens nicht davon sprechen, dass es sich hier um rein emotionale Skizzen oder von Emotionen dominierte Skizzen handelt.

Ein Vorteil des Zeichnens mit geschlossenen Augen beim Meditieren besteht meines Erachtens darin, dass der Geist sich zunehmend auf die Hände konzentriert und beobachtet, was sie machen. Erstaunlich ist die Eigendynamik der Hände, egal, ob ich mit der linken oder rechten Hand zeichne. Vermutlich ist es wie bei der Meditation, wenn ich nicht dabei skizziere: Man müsste diese Praxis länger durchführen als 33 Tage, um Wandel wahrnehmen zu können. Vielleicht müsste ich diese Form über Jahre als Meditationsform wählen. Skizzieren würde dann eine ähnliche Wirkung haben wie die Achtsamkeit auf den Atem. Die Aufmerksamkeit würde noch weiter weg geführt werden von der Aufmerksamkeit auf die Umgebung und konzentriert auf etwas, was der Körper von sich aus macht. Diese Erfahrung konnte ich in Ansätzen bereits während dieser 33 Tage sammeln.

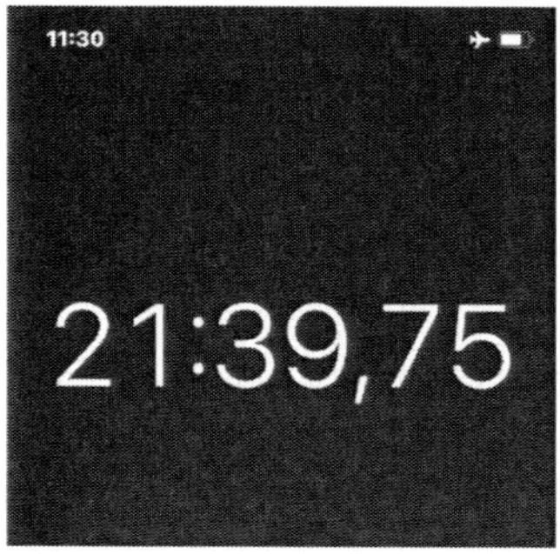

Es ist Samstag, der 9. Januar 2021 und ich bin spät dran:
Einkaufen, aufräumen, schreiben ... so der Plan für heute.
Ich würde gern das Meditieren heute ausfallen lassen.
Doch ich mache es, ich setze mich hin und schließe die Augen.
Etwas in mir will los, will Aktion, ist in Unruhe. Die Unruhe ist körperlich spürbar. Alles will loslegen, der Körper und der Geist.
Aber ich sitze da und warte.
Es dauert lange, aber dann spüre ich,
dass etwas unter dem Sturm
und den emotionalen Wellen ruhig ist.
Ich warte weiter!
Dann wird es allmählich auch
an der Oberfläche ruhiger.
Der Körper beruhigt sich, der Geist mit ihm.
Manchmal spüre ich noch Wellen,
aber darunter ist etwas sehr Ruhiges.
Ich kann es wahrnehmen.
Die Zeit verschwindet aus meinem Bewusstsein gemeinsam mit der Ungeduld.
Ich öffne die Augen, es sind 21 Minuten und 39 Sekunden vergangen.
Es ist 11:30 Uhr!

## Selbsterfahrungen

Natürlich sind in der Meditation selbst alle Aspekte von Selbsterfahrung gebündelt. Indem ich mich von äußeren Einflüssen eine Zeit zurückziehe, bin ich zumindest in gewisser Hinsicht mit mir allein. Als soziale Wesen nehmen Menschen jedoch soziale Aspekte ihres Seins mit in die Meditation. Meditation bedeutet ja nicht, die Außenwelt einfach auszuknipsen. Vielmehr sind, wie beschrieben, unterschiedliche Gedanken und Emotionen mit in den Mediationen, beziehungsweise sie erscheinen dort. Ein Ziel meiner Meditation ist ein anderer Umgang mit ihnen und zwar nicht, indem ich versuche, Gedanken und Emotionen zu ändern, sondern indem der Umgang mit ihnen neu möglich wird. In der Meditation wird der Meditierende im Laufe der Zeit zum Betrachter seiner Gedanken und Emotionen. Diese Erfahrungen habe ich gelesen, aber ich habe sie auch tatsächlich selbst gemacht, beziehungsweise mache diese Erfahrungen immer wieder.

Solche Erfahrungen, so kann ich nach mehreren Jahren regelmäßiger Meditation feststellen, benötigen Zeit, und ich kann sie nur bedingt wiederholen in der jeweiligen täglichen Meditation. Meditationen sind für mich etwas, das mit Disziplin zu tun hat. Das heißt, ich setze mich täglich hin, und ich nehme eine Ruhe wahr oder manchmal auch nicht. Letzteres bedeutet dann, dass Gedanken und Emotionen sich Gehör verschaffen und dominant sind. Ob das dann wirklich Meditation ist oder eher etwas, was diesen Namen nicht verdient, kann ich nicht einschätzen. Mein Gefühl sagt mir, dass es Meditationsformen sind, die gewissermaßen dazu gehören.

Michael Buchholz formuliert im Kontext von impliziten therapeutischen Wissen einen Gedanken,der ebenso für die Meditation wie auch für künstlerische Arbeit gilt:

„Können erwirbt man nur durch eigene Praxis, durch Versuch und Irrtum, durch Herausfinden der Regeln und deren Ansammlung zu einem Erfahrungsschatz. Solcherart erworbene Regeln können nur im Nachhinein reflektiert werden. Dabei kann man sich täuschen, wenn man meint, man habe Regeln »angewendet«. Hier gilt, dass Können immer nur so aussieht, als ob es von Regeln geleitet sei, die dann nachträglich rekonstruiert wurden. Aber wenn man Können allein von Regeln her aufbauen wollte, würde man scheitern. [...] Es braucht das embodiment , das körperliche Gefühl ..." (Buchholz: 40f)

Ich habe die Erfahrung gemacht, dass es für mich sinnvoll und notwendig ist, dass ich mir selbst Vorgaben, Regeln oder eine Rahmung setze. Wenn immer wieder gesagt wird, man solle auf sein Körpergefühl oder Bauchgefühl hören, so muss man dies meines Erachtens relativieren. Das Embodiment meint in einer Situation das körperliche Gefühl für etwas, was gerade geschieht. Es meint auch, das sich in der Atmosphäre einer Situation Einstellende, ernst zu nehmen. Es meint nicht, dass mein Körpergefühl meiner jeweiligen körperlichen oder geistigen Befindlichkeit folgt. Sonst würde ich vermutlich viel öfter nur so auf dem Sofa liegen und fernsehen.

Meditieren hat für mich, wie oben formuliert, etwas mit Disziplin zu tun. Mag es auch leicht erscheinen, einfach mit geschlossenen Augen da zu sitzen, es braucht lange Zeit des Übens, bis man nicht mehr mit dem eigenen Körper und Geist diskutieren muss und dass man sich täglich wieder hinsetzt und meditiert. Und das, ohne gewissermaßen eine sofortige Belohnung zu erhalten. Das ist meine Erfahrung und sie gleicht aus meiner Sicht meinen Erfahrungen beim regelmäßigen Joggen.

Beim Meditieren orientiere ich mich an dem ursprünglich Gelernten und meinen Erfahrungen, erweitere oder ändere aber die Regeln beziehungsweise die Rahmungen. Ich kann nicht genau sagen, warum ich beispielsweise angefangen habe, den Handy-Gong auszuschalten und warum ich das fortführe. Es war ein Versuch, der für mich Sinn machte und den ich entsprechend fortführe.

Es gibt einen Unterschied zwischen dem alltäglichen Erleben beim Meditieren und dem Erfahren, auch dem sich selbst Erfahren. Das, was ich in einzelnen Meditationen erlebe, ist lediglich eine kleine Facette im Gesamtkontext vieler Jahre regelmäßigen Meditierens. Rudolf zur Lippe formuliert in seinem Buch „Sinnenbewusstsein" zum Begriff der Erfahrung: „Das Wort ist so abgenutzt und missbraucht, dass man sich hüten muss, es unvorbereitet einzuführen. [...] Als Wissen tritt sie jenseits eines ersten Erlebens hervor, und als das mir Bleibende von einer Begegnung vollzieht sie sich durch mich hindurch so gut wie in einem Gegenüber." (zur Lippe: 341)

Das Gegenüber der Selbsterfahrung wie der Meditation ist nicht eine andere Person, sondern ich selbst bin mein Gegenüber. Bei Rudolf zur Lippe wird auch der Faktor der Zeit deutlich. Erfahrung geht aus von einem Erleben, aber sie bildet sich in der Zeit und sie benötigt Zeit. Erfahrung ist mit Reflexion verbunden und mit etwas Bleibendem. Derjenige, der eine wirkliche Erfahrung macht, ist dann ein Stück weit ein anderer. Im Gegensatz zum Erlebnis, das ebenfalls aus einem Erleben hervorgeht, ist die Erfahrung etwas Reflektiertes. Erlebnisse bleiben entweder an der Oberfläche und werden nicht weiter reflektiert, oder sie werden aufgrund eines Traumas ins Unbewusste abgeschoben und können dort ebenso nicht reflektiert werden.

Das entstehende Sinnenbewusstsein beim Zeichnen mit geschlossenen Augen reift in der Zeit und lässt die Erkenntnis entstehen, dass meine Hände eigenständige und eigenwillige Formen, Wege und Bewegungen entwickeln, denen ich vertrauen kann.

Das Experiment des Zeichnens mit geschlossenen Augen zeigte mir zunächst einmal, dass es eine Differenz gibt zwischen dem, was ich denke (oder mein Gehirn) und dem, was die zeichnenden Hände machen. Die Hände haben offensichtlich ein eigenes körperliches Wissen. Dieses körperliche Wissen hat aus meiner Sicht durchaus handwerkliche Aspekte. Die jeweils zeichnende Hand bedient sich ihres Wissens über grafische Strukturen aus vielen Erfahrungen des Zeichnens. Ich habe zwar viel im Laufe meines Lebens gezeichnet, aber eher selten beispielsweise in der Natur vor einer Landschaft gezeichnet oder ein Bild abgezeichnet o.ä..

Die Zeichnungen der letzten Jahre entwickelten sich ausschließlich im Prozess des Zeichnens. Das heißt, ich ließ meinen Händen zunehmend freien Lauf und korrigierte oder ergänzte oder nuancierte im Prozess des Zeichnens. Manchmal verstärke ich auch Strukturen, die mir interessant erscheinen oder ich arbeite

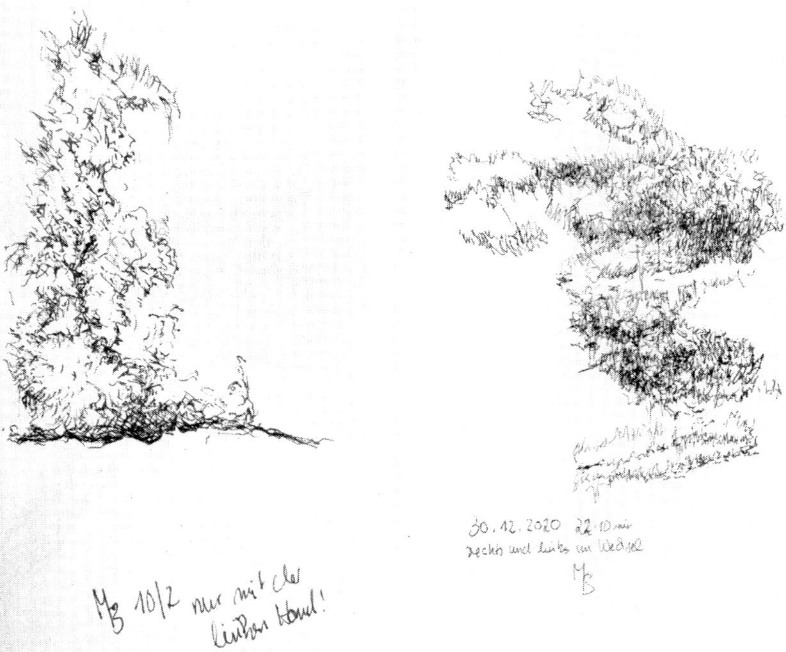


Familienähnlichkeiten: Links eine Zeichnung mit geöffneten Augen vom 10.2.2014, rechts mit geschlossenen Augen vom 30.12.2020

gegenständliche Elemente in die sonst eher abstrakten Strukturen hinein. Dabei sind die gegenständlichen Elemente oder Aspekte, die an Gegenständliches erinnern, oft ähnlich: Landschaftsaspekte wie Wege, Pflanzen, Wasser oder auch Gebäudefragmente, Türen und Fenstern.

Beim Betrachten meiner Skizzenbücher fällt mir auf, dass es Familienähnlichkeiten zwischen den entstandenen Zeichnungen mit geschlossenen Augen und Zeichnungen aus früheren Jahren gibt. Hier exemplarisch zwei Vergleiche mit zwei Zeichnungen aus dem Jahr 2014. Die Ähnlichkeit in den beiden Zeichnungen (vorherige Seite) zeigen nicht nur verwandte kurze Strichgesten, sondern auch verwandte Bewegungsdynamiken. Mit Familienähnlichkeiten meine ich thematische Ähnlichkeiten ebenso wie kompositorische und Ähnlichkeiten im Strichduktus.

Die beiden Abbildungen rechts zeigen eine ähnliche Komposition: Eine eher freie Struktur mit einer Konzentration im oberen Teil und eher horizontale Linien im unteren Teil. Beide Teile können vielleicht als Wolken über Wasser oder einer Landschaft gedeutet werden.

Ich war überrascht, als ich diese Ähnlichkeiten in den Zeichnungen zufällig fand. Offensichtlich war es nicht nur so, dass die Hände sich an Bewegungen, kürzere oder längere Schraffuren erinnerten und diese gefühlt automatisch aufs Blatt brachten, sondern offensichtlich erinnerte ich mich (oder mein Bild-Erinnerungsspeicher im Gehirn) unbewusst an Zeichnungen, die ich irgendwann einmal angefertigt hatte und die zum Teil viele Jahre zurücklagen.

Es scheint so, als ob vertraute Bewegungsmuster und Routinen der Hände auch beim Zeichnen mit geschlossenen Augen reaktiviert wurden. Vor einigen Jahren hatte ich angefangen, die linke Hand beim Zeichnen mehr einzusetzen. Die erste Abbildung (vorherige Seite) ist, wie ich dies unter der Zeichnung notiert hatte, nur mit der linken Hand entstanden. Oftmals wechsle ich mittlerweile die rechte und die linke Hand ab. Ich habe auch einige Versuche unternommen, mit beiden Händen gleichzeitig zu zeichnen. Das waren interessanter

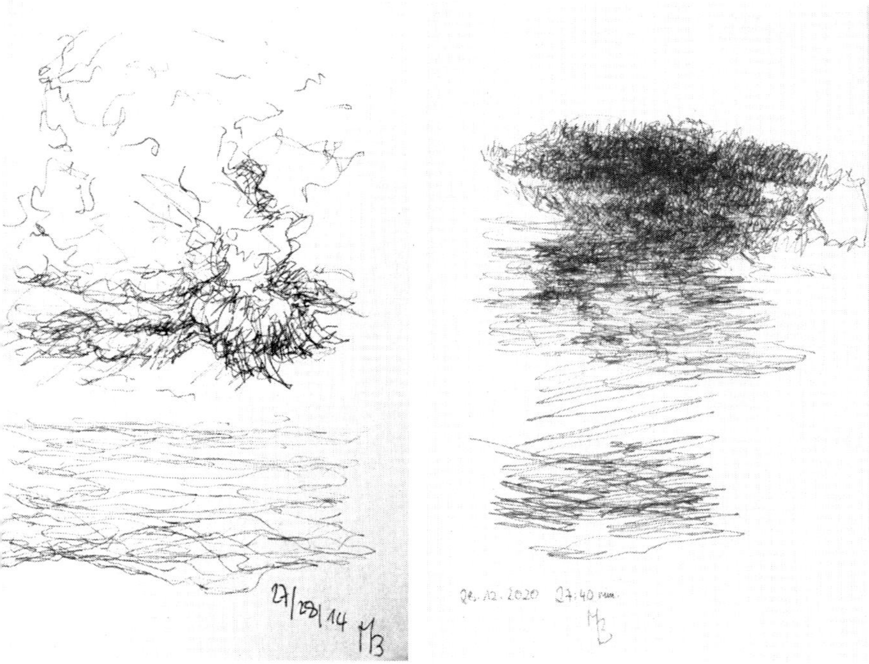

Familienähnlichkeiten: Links eine Zeichnung mit geöffneten Augen vom 27.08.2014, rechts mit geschlossenen Augen vom 30.12.2020

Versuche, zumal die Augen ihre Aufmerksamkeit nur auf eine Hand lenken können.

Ich habe gemerkt, dass die linke und die rechte Hand unterschiedliche Formen des Duktus entwickeln und unterschiedlich zeichnen. Dabei kann ich nicht mit Sicherheit sagen, ob die linke Hand gewissermaßen emotionaler zeichnet als die rechte. Womöglich gibt es dieses Unterscheidungskriterium gar nicht, was damit zusammenhängen könnte, dass ich nicht nur Linkshänder bin, sondern in der Schule gezwungen wurde, mit rechts zu schreiben, was ich bis heute tue. Alle anderen Dinge mache ich mit links, also beispielsweise Werkzeuge anfassen oder einen Ball fangen. Ich hatte anfangs nur mit der rechten Hand gezeichnet und erst nach und nach die linke Hand einbezogen.

Die Zeichnungen mit geschlossenen Augen
vom 29.11.2020 bis 01.01.2021, entstanden
beim täglichen Meditieren

**Zeichnung vom 29.11.2020**
**Kommentar**

Bei diesem 1. Versuch wechselten beide Hände einander ab. Als Regel erprobte ich, dass nicht nur mal die rechte Hand und mal die linke Hand den Stift führen, sondern dass zeitweise beide Hände gemeinsam den Stift hielten und zeichneten. Diese Skizze dauerte etwas länger als 19 Minuten. Während dieser Zeit hielt ich, wie bei allen Skizzen, die Augen geschlossen.

Die Erfahrung des Skizzierens mit geschlossenen Augen und wechselnder Führung des Stiftes, mal mit der linken, mal mit der rechten Hand und mal beidhändig wurde davon bestimmt, dass ich diese Art des Zeichnens nie zuvor erprobt hatte. Ich habe zwar Erfahrungen damit, die Hände zu wechseln beim Zeichnen, nicht aber mit beiden Händen den Stift zu umfassen und nicht damit blind zu zeichnen.

Ich versuchte immer wieder zu imaginieren, welche Ausdehnungen die Skizze auf dem Blatt hat und in welchem Verhältnis sich die entstehenden Linien überlagern. Das Besondere an dieser Art des Zeichnens besteht darin, dass frühe Linien, zum Beispiel solche, die in den ersten Minuten entstanden sind, sich mit Strichbewegungen die nach vielleicht 15 Minuten oder später entstanden, kreuzen, überlagern, Verbindungen eingehen und gemeinsam ein Gebilde erschaffen.

Das Ergebnis war für mich nicht erahnbar! Ich war völlig überrascht von dem, was sichtbar wurde.

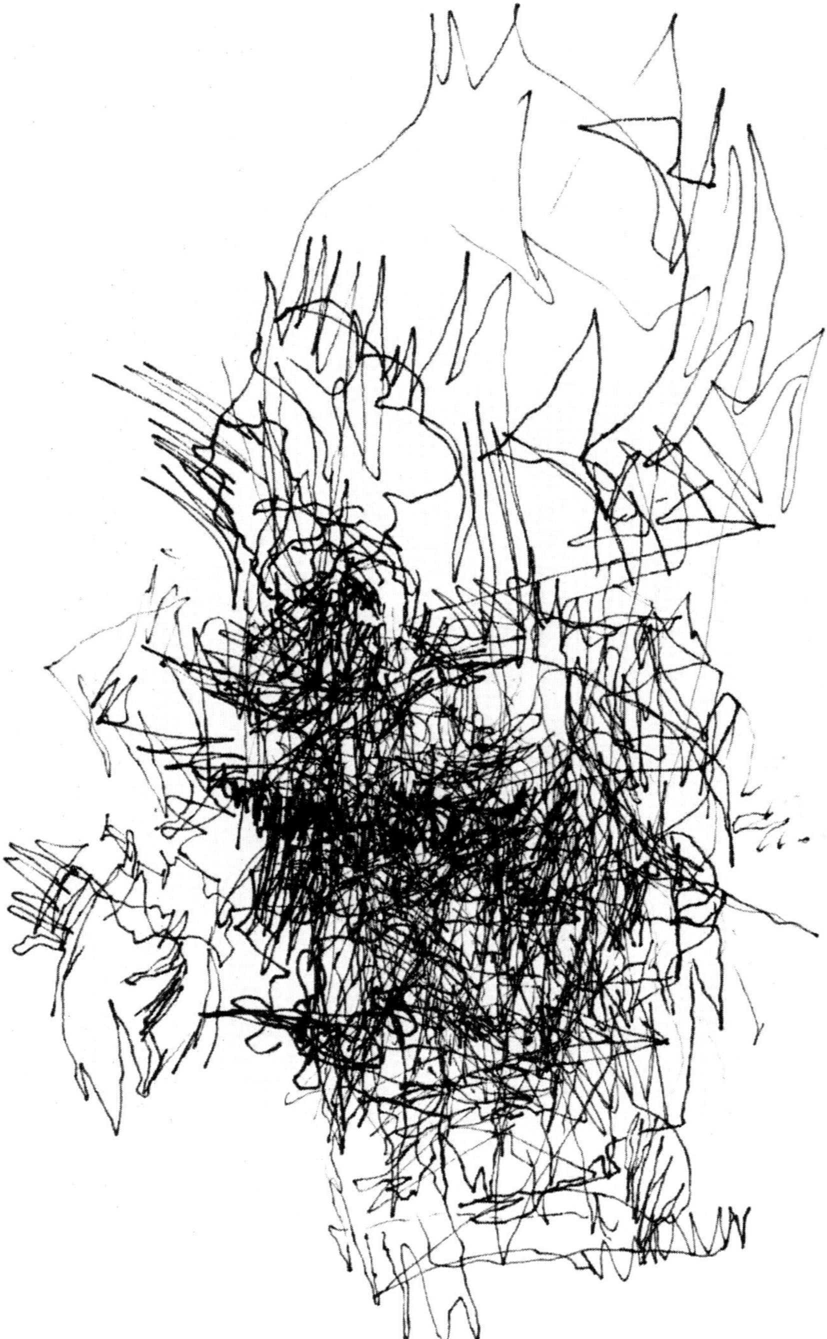

## Zeichnung vom 01.12.2020

Es ist erstaunlich, dass eine Bewegung, hier eine kreisende, ausgehend von der linken Hand, von der rechten Hand kurz aufgegriffen wurde. Ich erinnere, dass die rechte Hand, einen eigenen Duktus und eine eigene Geschwindigkeit und Dynamik hatte. Entsprechend nahm nach diesem kurzen Aufgreifen der Bewegung der linken Hand die rechte Hand ihren eigenen Rhythmus auf.

Sichtbar wird hier im unteren Bereich eine Art erahnbare Horizontlinie, die in den folgenden Bildern häufig wieder auftaucht. Als ich sie in geraden Hin- und Her-Linien zeichnete, hatte ich das Gefühl, ich wäre ziemlich am unteren Rand des Blattes angekommen.

Das Meditative dieser Skizze, was sich in den folgenden zum Teil verstärkte, bestand darin, dass ich mich auf die Bewegungen der Hand konzentrierte. Dabei hatte ich schon hier das Gefühl, dass ich die jeweilige Hand nicht lenkte und dass sich nur wenige Gedanken lenkend einmischten.

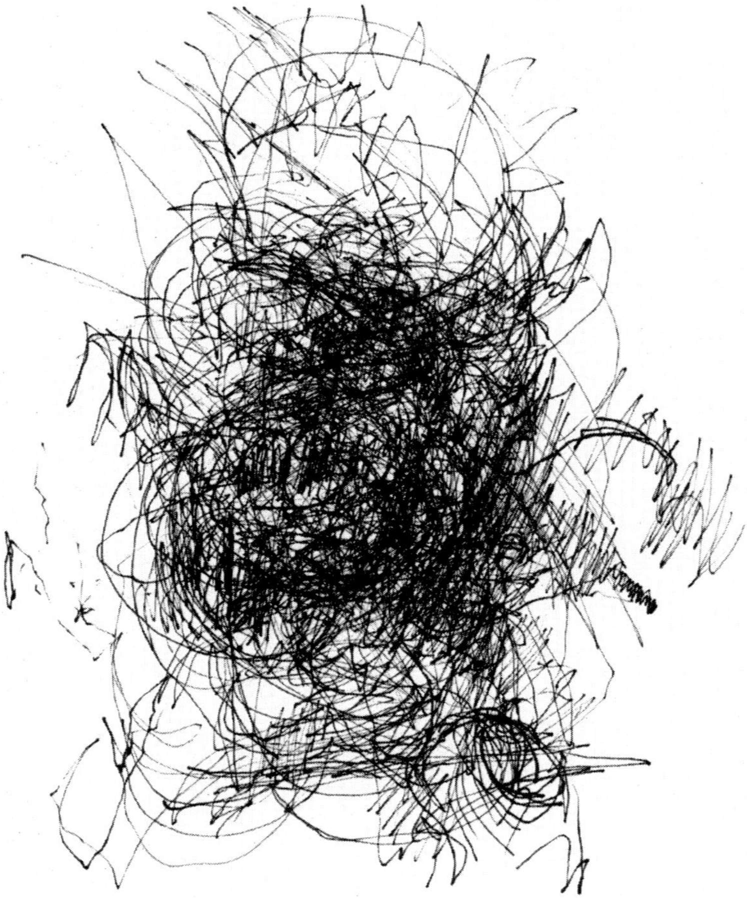

1.12.2020 Dauer 21:50 min.
Geschlossene Augen rechte und linke Hand im Wechsel
+ wenige Zeit beide Hände

## Zeichnung vom 02.12.2020

Die annähernd horizontalen Linien im unteren Drittel wurden hier von mir gezielt verstärkt, ausgehend von diffusen inneren Bildern von Landschaftszeichnungen. Sie sind so etwas wie Erdungen der Gebilde darüber, auch im Sinne von Horizontlinien.

Die gegenläufigen Bewegungen entstanden dadurch, dass sie mal die linke Hand und mal die rechte Hand skizzierten. Erstaunlich finde ich, dass es diese Konzentration und Verdichtung in der Mitte gab. Ebenso erstaunlich ist, dass ich die blind gezeichnete Skizze erst nach ziemlich genau 27 Minuten beendete und betrachtete.

Es gibt in diesem konzentrierten Knäuel mehrere verdichtete ‚Nester'. Sie entstanden aus unterschiedlichen Überlagerungen zu unterschiedlichen Zeiten, so schätze ich das zumindest ein.

Verglichen mit der Skizze vom Vortag wirkt diese heute, etwa einen Monat später, auf mich wie eine Verdichtung und Präzisierung der Skizze vom Vortag.

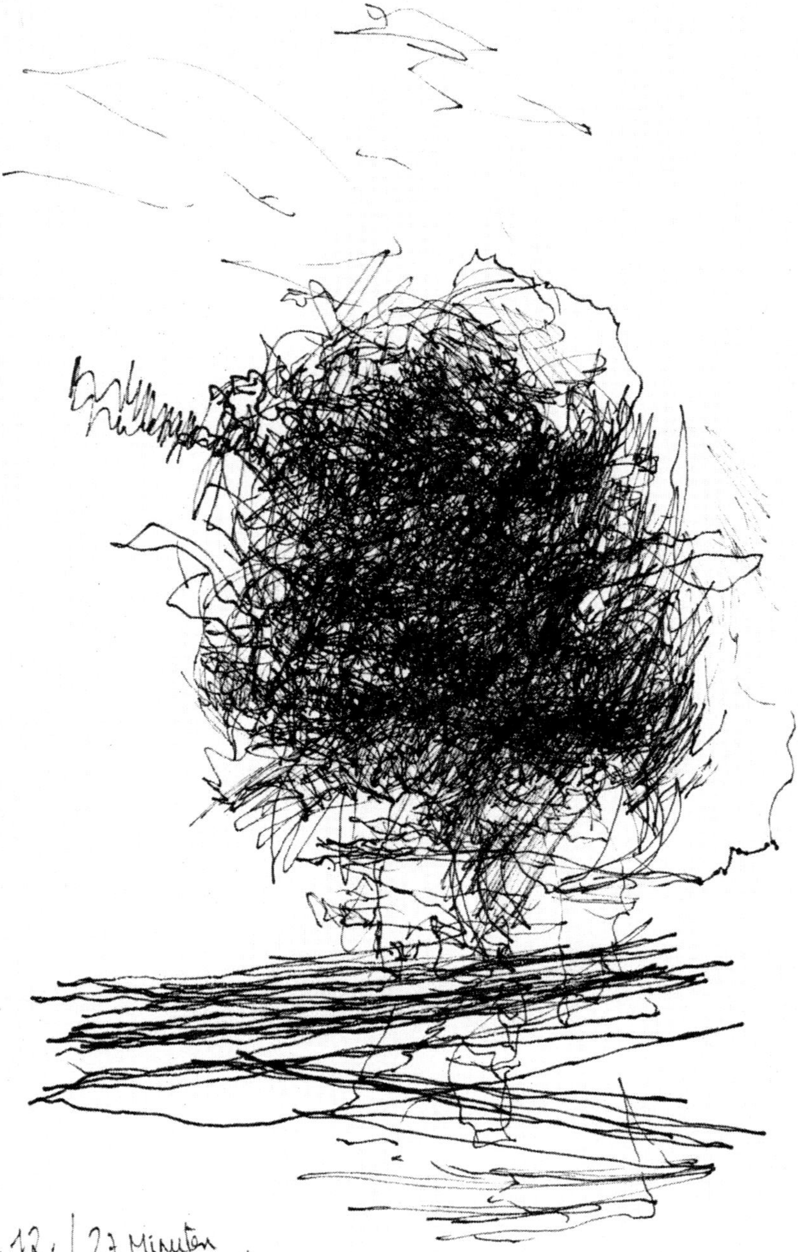

2.12. | 27 Minuten
geschlossene Augen
Wechsel links (hat begonnen) | rechts | am Ende gemeinsam

## Zeichnung vom 03.12.2020

Beim Zeichnen blieben beide Hände in Berührung. Es gab eine wechselnde Führhand, aber dennoch beeinflussten sich beide Hände durch die durchgehenden Berührungen.

Meine Aufmerksamkeit galt beidem, den Bewegungen des Stiftes wie auch den ständigen Berührungen mit den Wahrnehmungen der Haut der Hand, die berührt wurde.

Auf hier gibt es unten die gegenläufigen nahezu waagerechten Linien, die so etwas wie eine Erdung sind und auch beim Skizzieren so gedacht waren.

Denken, Beobachten und Fühlen wechseln ständig, wobei das Denken nicht so dominant war wie beim Zeichnen mit geöffneten Augen.

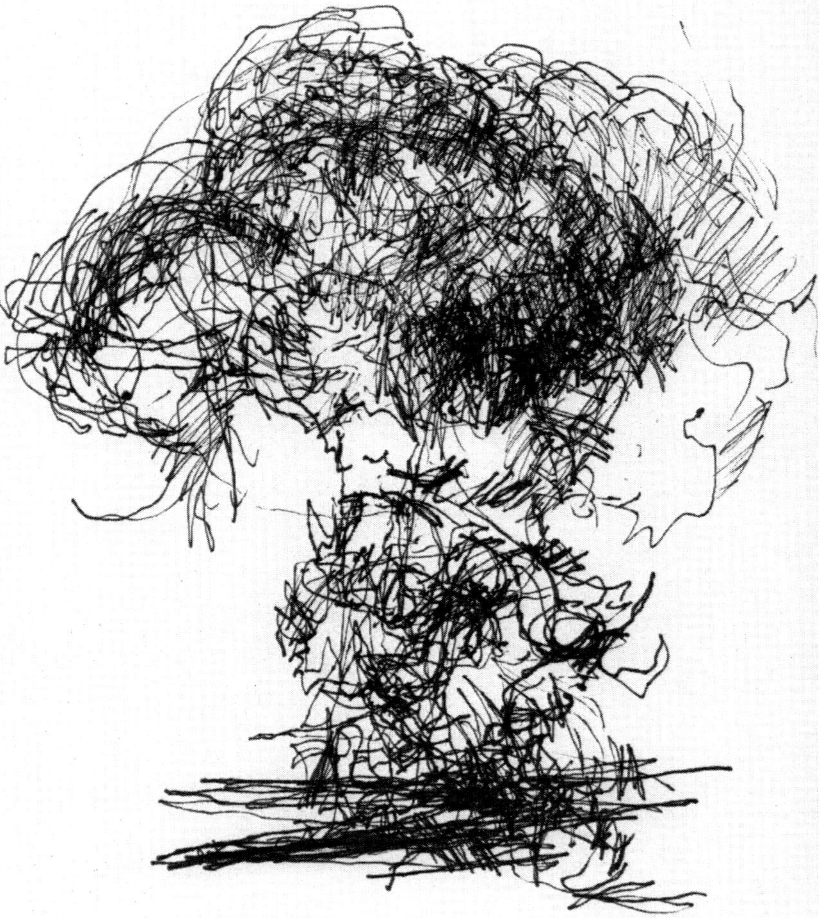

.12.2020 24:30 min. geschlossene Augen
Regel: Beide Hände bleiben die ganze Zeit
in Berührung

MB

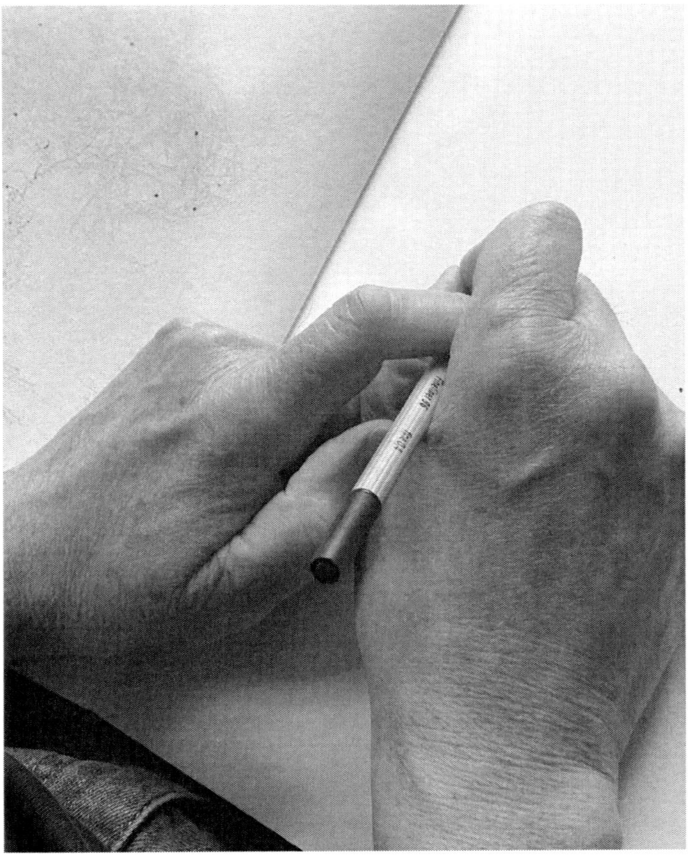

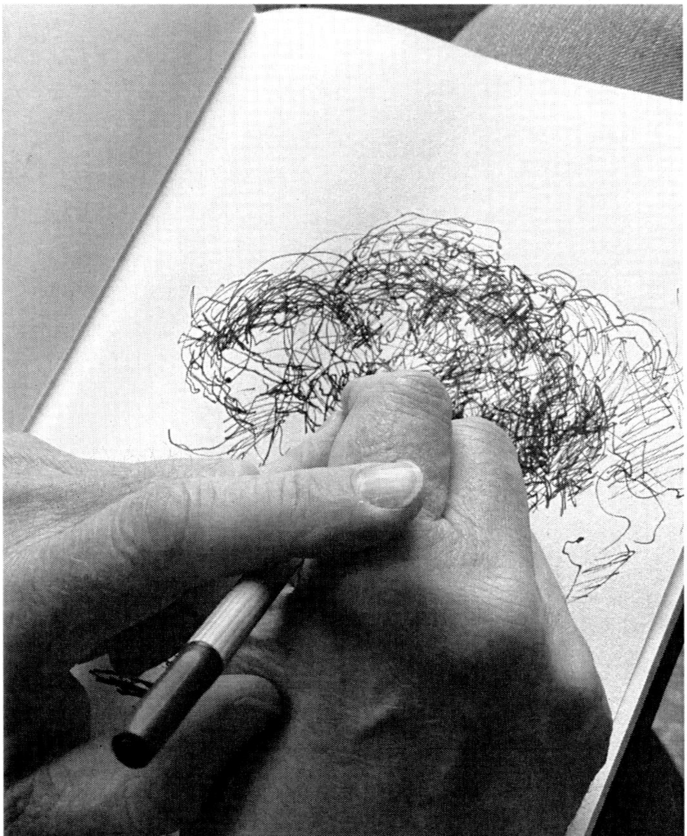

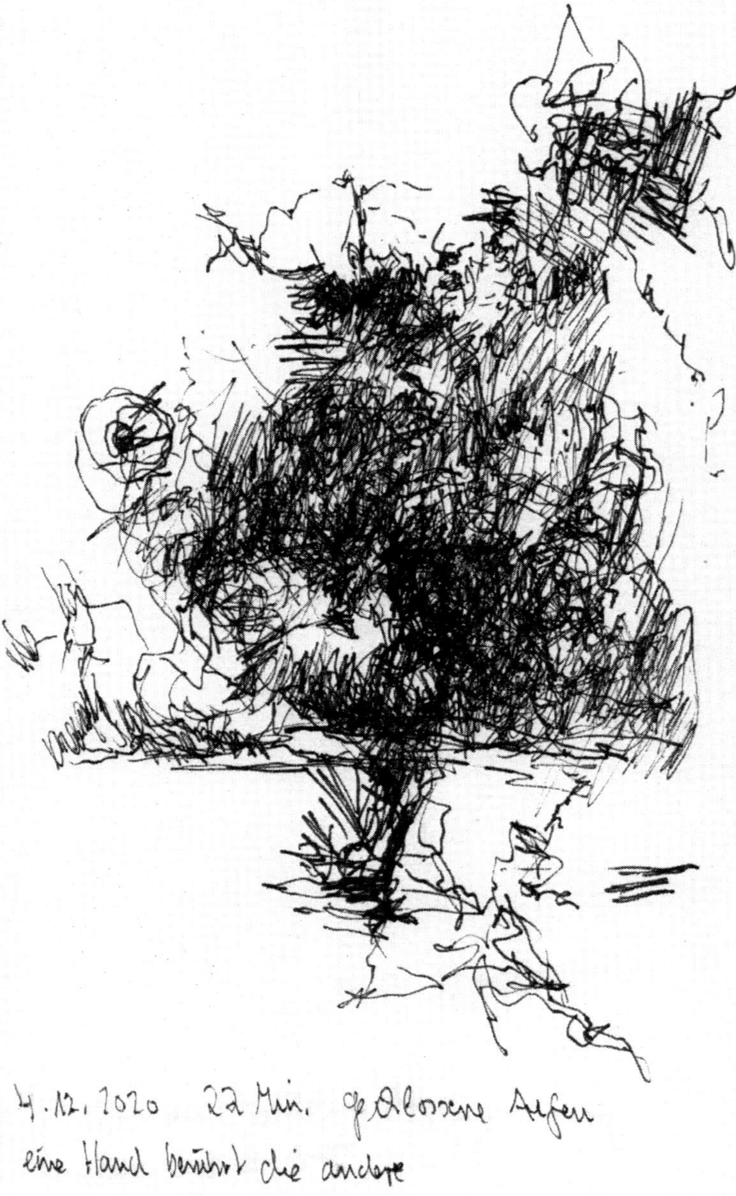

4.12.2020 22 Min. geschlossene Augen
eine Hand berührt die andere

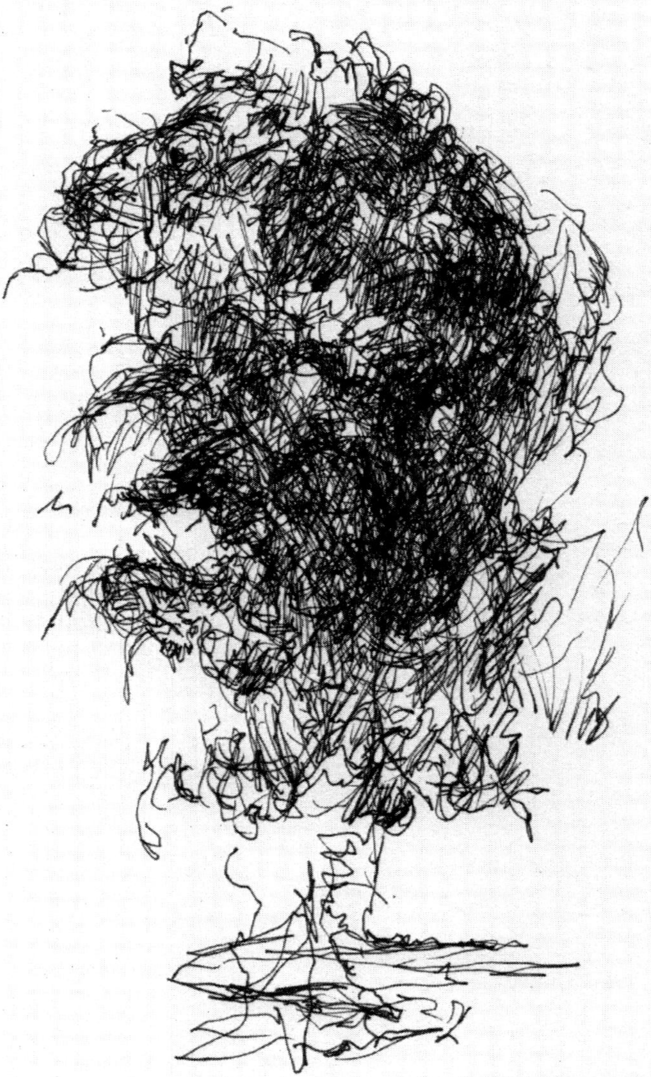

5.12. 21:50min. geschlossene Augen
selbe Regel wie zuvor

MB

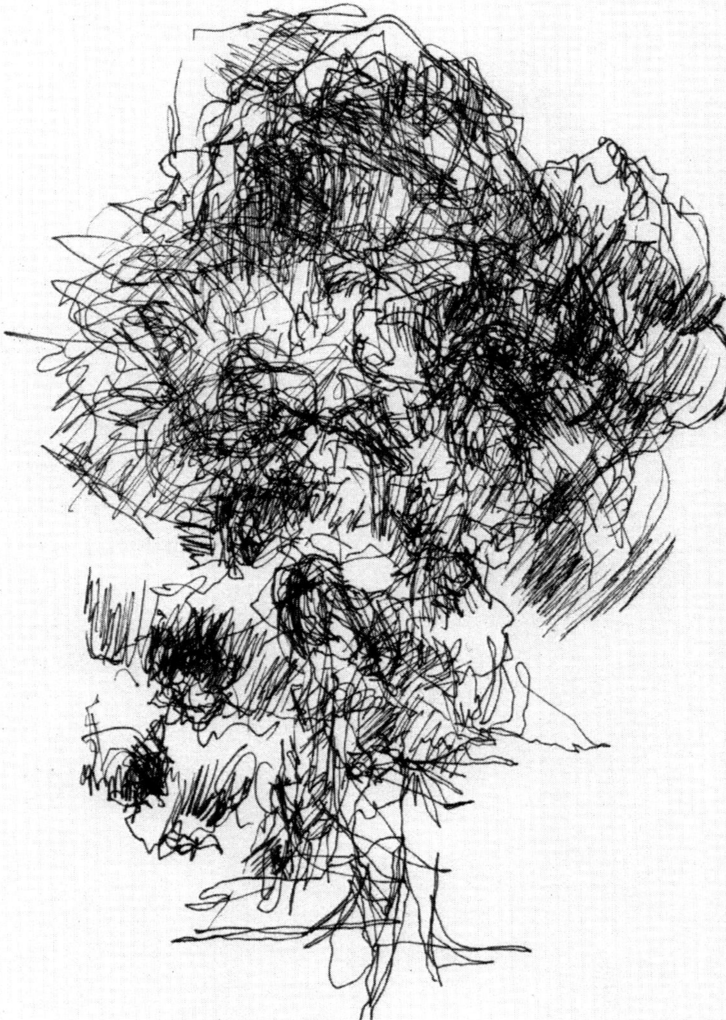

6.12.2020 21 Min. geschlossene Augen
Wechsel der Hände aber beide bleiben
in Berührung MB

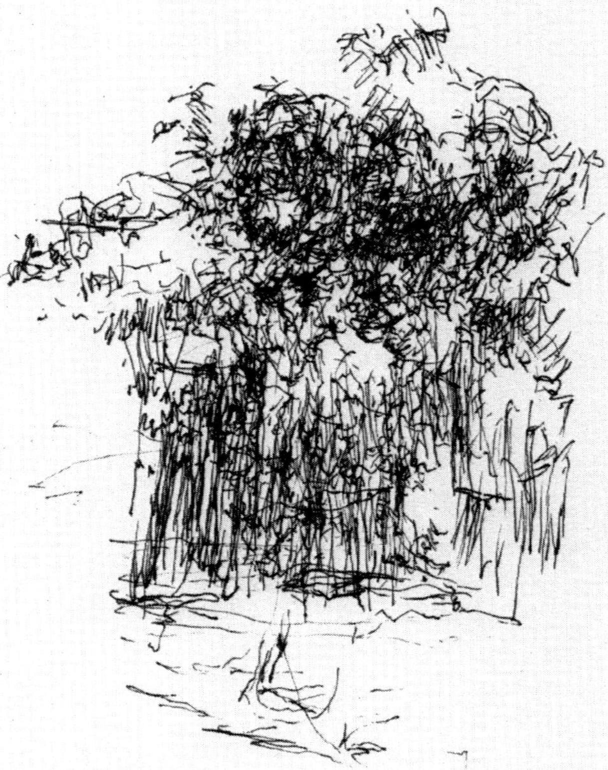

07.12.2020 21:50 min. mit geschlossenen Augen
linke Hand / rechte Hand jeweils
mit Berührung

MB

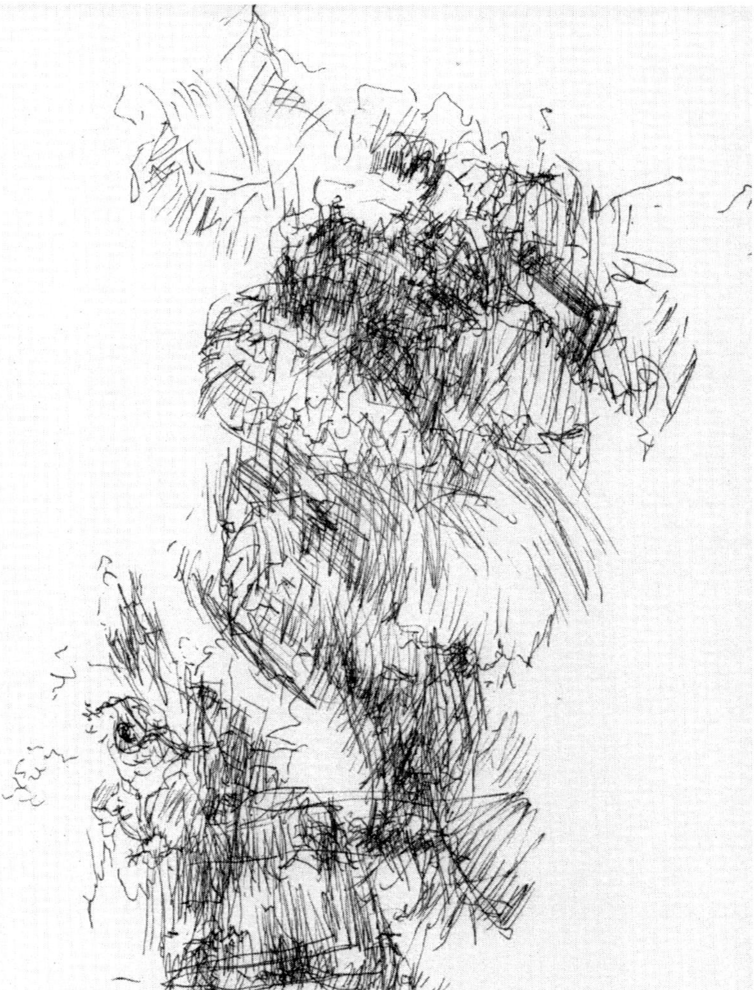

8. Dez. 2020
25 min. geschlossene Augen
Fineliner halbe Dicke 0.2
Die meiste Zeit hat die linke Hand gezeichnet
MB

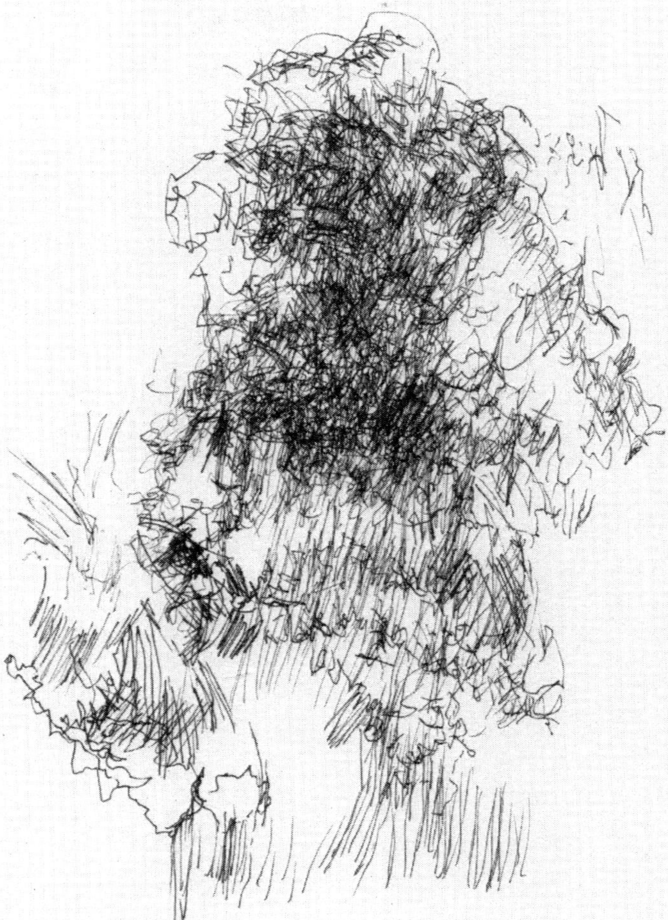

9. Dez. 2020  22:05 min
fast ausschließlich mit der linken Hand
geschlossene Augen  MB

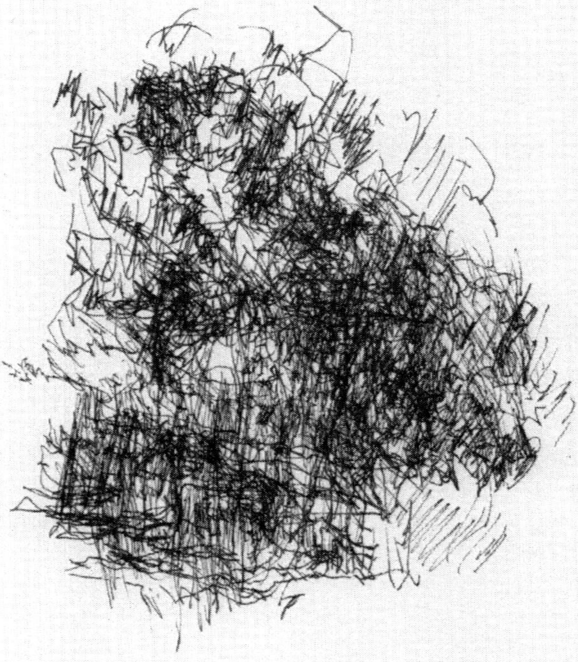

10. 12. 2020

21:00 Minuten

fast ausschließlich linke Hand

geschlossene Augen

MB

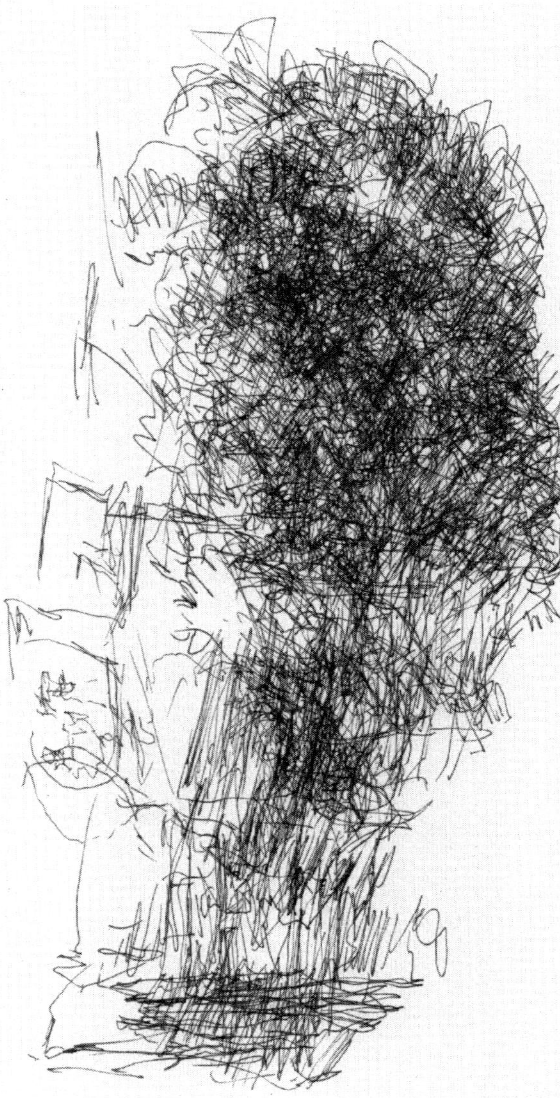

11.12.2020 23:30 min. geschlossene Augen
Hauptsächlich mit links
Erstaunlich war, dass ich 2x nicht bemerkt
hatte, dass die linke Hand den Stift von
der rechten übernommen hatte. Ich war
beide Male überrascht, dass plötzlich
die linke Hand zeichnete

MB

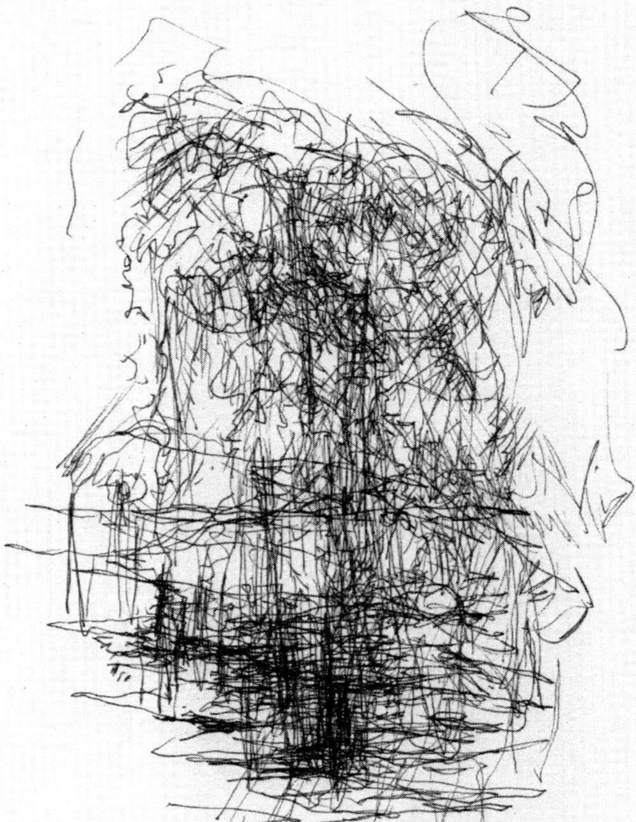

12. 12. 2020
18:56 min.
geschlossene Augen
meist mit links

MB

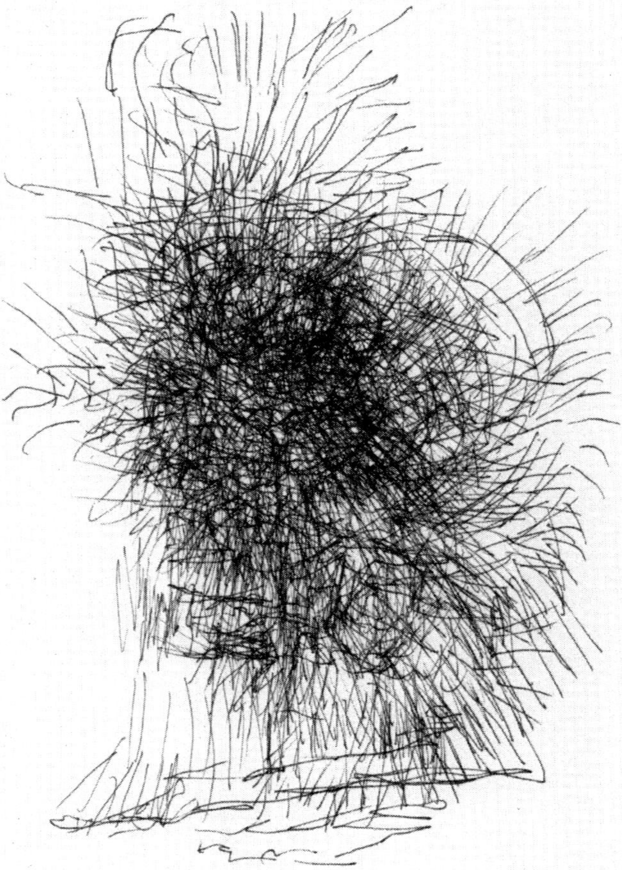

13. 12. 2020
27 min. geschlossene Augen
fast ausschließlich mit links

MB

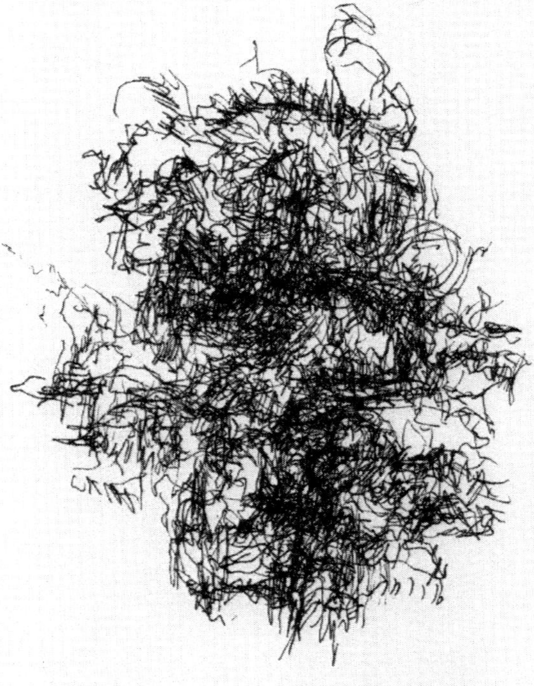

14. 12. 2020 27. min.
geschlossene Augen, linke Hand berührt von der rechten
M B

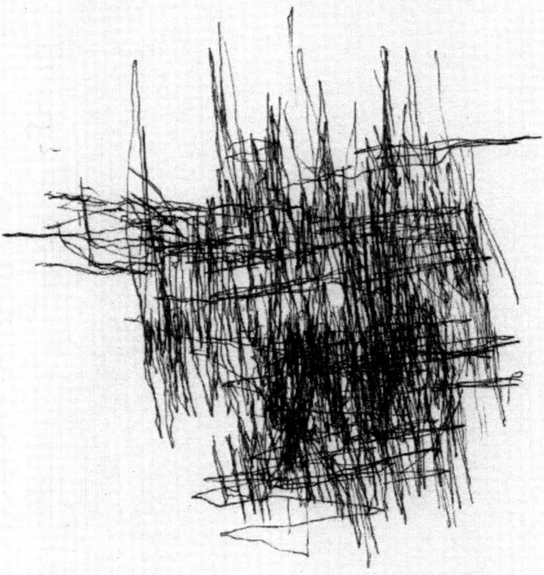

15. 12. 2020 18:50 min
Nur mit links und in guter Meditation
MB

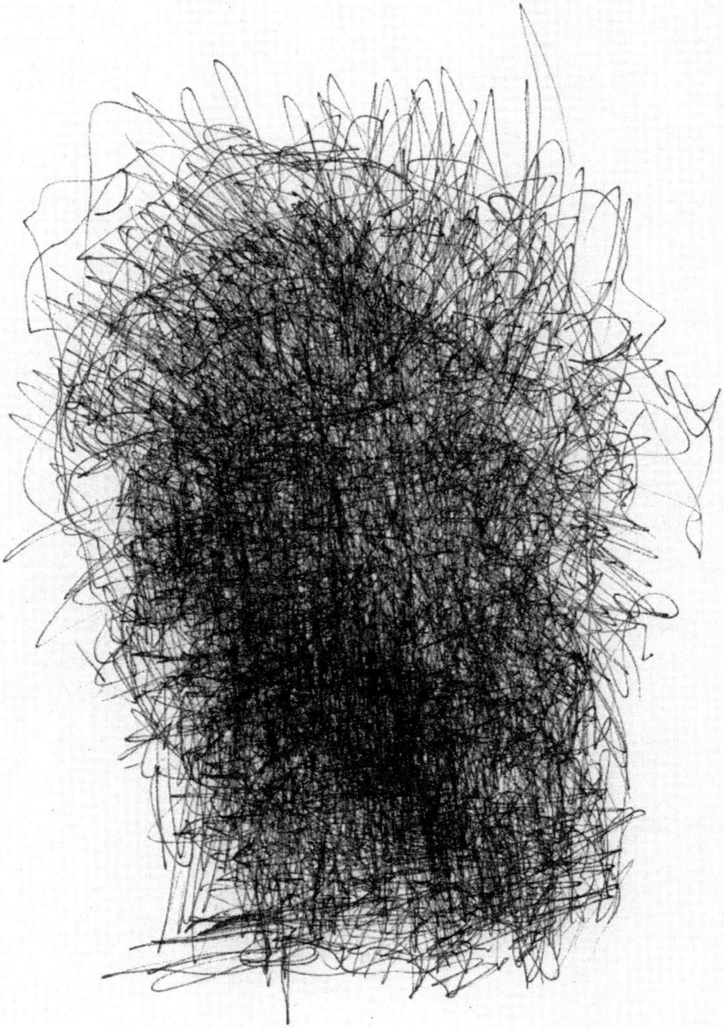

16. 12. 2020   22 min
mit links

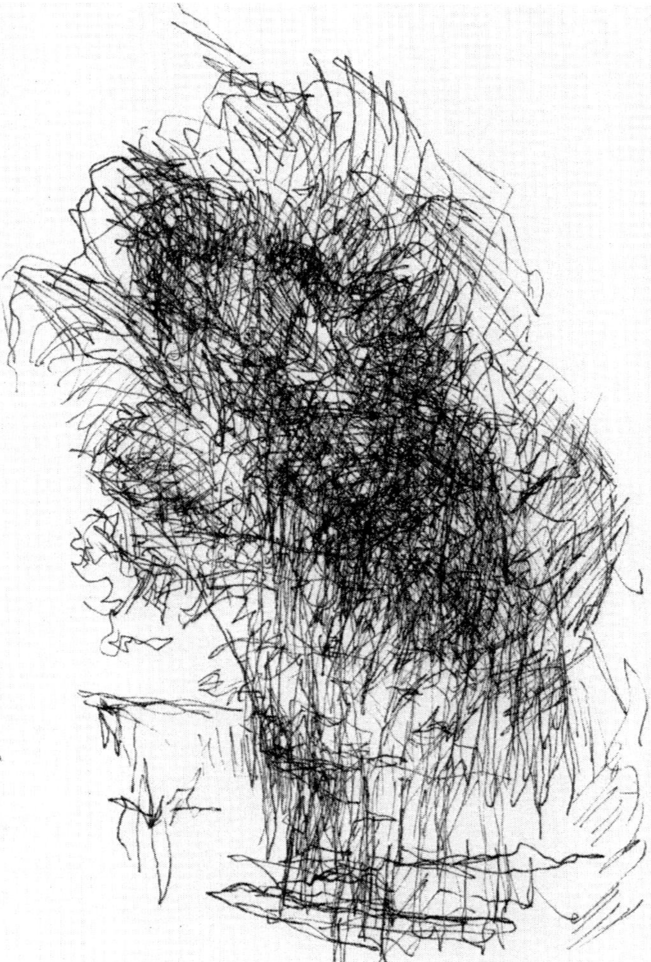

17.12.2020 19:30 Uhr
geschlossene Augen vornehmlich mit links
MB

Abb. oben

Starke Vergrößerung des leeren Blattes mit Spuren der Bearbeitung mit dem leeren Fineliner

## Zeichnung vom 18.12.2020

Das ist vielleicht eine der interessantesten Zeichnungen, denn das Blatt war völlig leer, als ich es betrachtete. Im Fineliner war keine Tinte mehr. Seltsamerweise hatte ich das Gefühl, dass ich sehr intensiv gezeichnet hatte und ich war entsprechend sehr neugierig auf das, was entstanden war.

Auf der Abbildung deutet sich die darunterliegende Zeichnung des nächsten Tages an.

Allerdings kann man beim genauen Betrachten noch einige Spuren des leeren Stiftes auf dem Papier sehen, die sich immer dann eingedrückt hatten, wenn ich mit entsprechendem Druck gezeichnet hatte.

18.12.20 19:30 min

Unsichtbare Zeichnung! Der Stift war leer,
dies merkte ich erst, als
ich die Augen öffnete

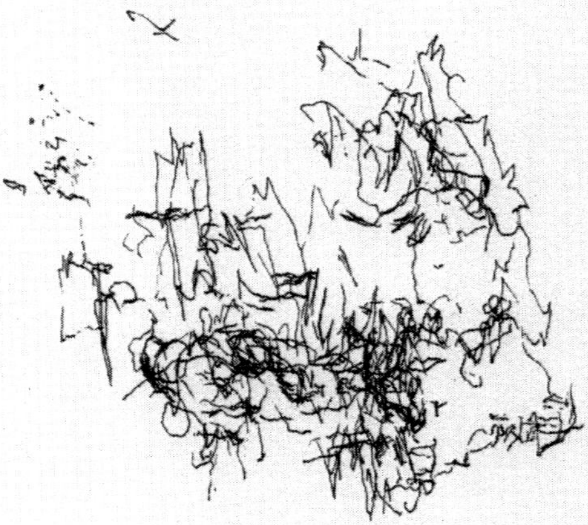

19.12.2020 20:50 min.

Mit der linken Hand, aber auch etwas mit recht.
Die bislang tiefste Meditation. Manchmal kam
die Hand mit dem Stift kurz zum Stillstand
Das fühlte sich sehr gut an. MB

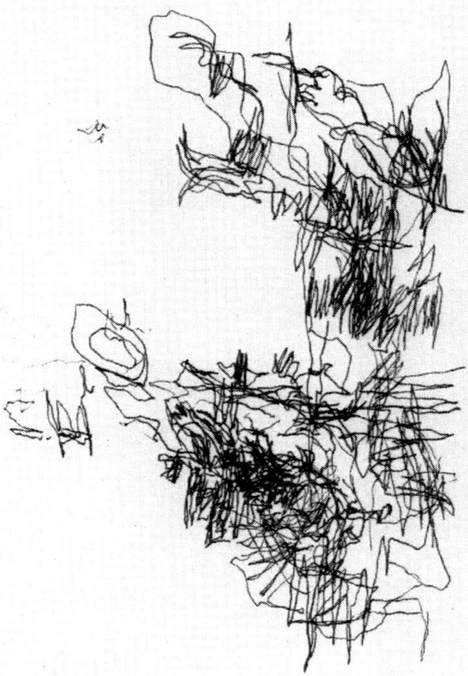

20.12.2020 19 Min.

MB

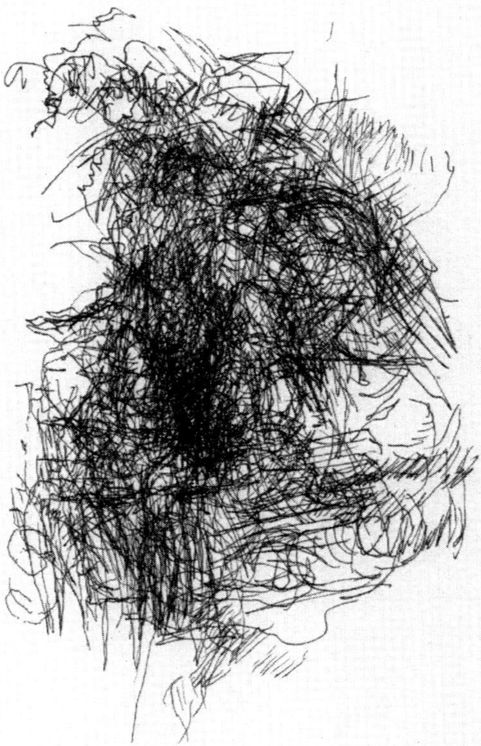

21.11. 2020 30:20 min.

links und rechts im Wechsel

MB

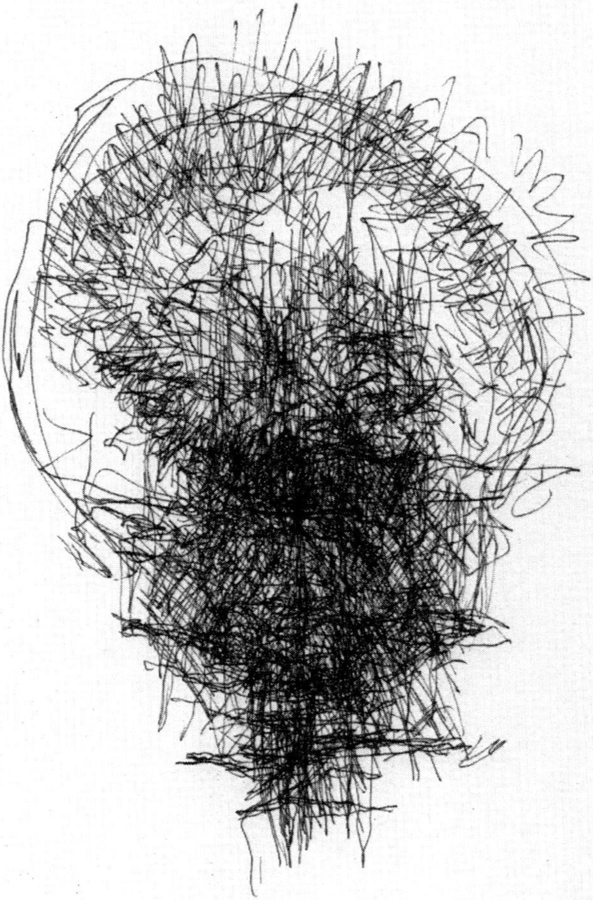

22.12.2020 21:20 min

meist mit der linken Hand MB

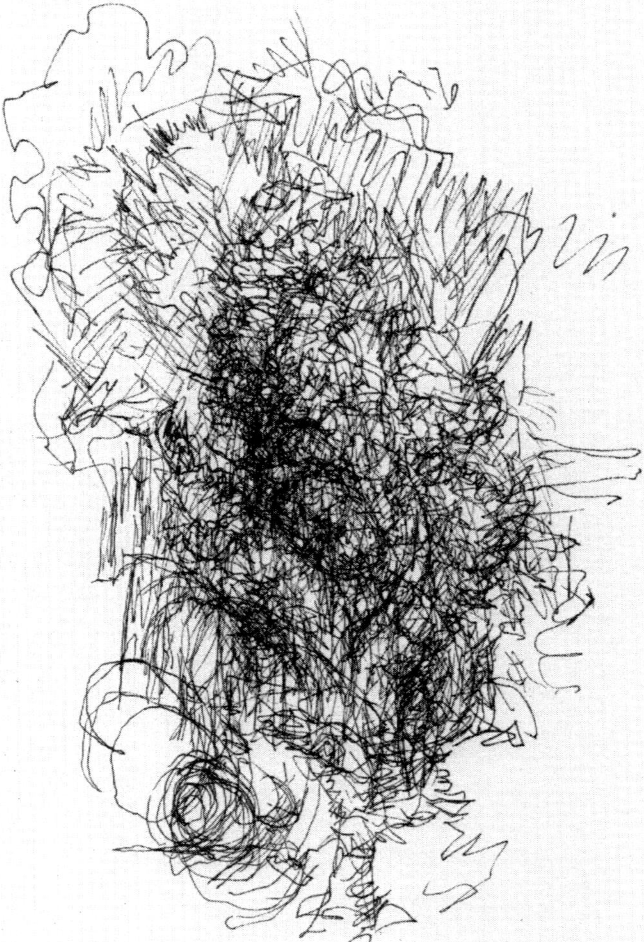

23.12.2020 19:45 min.

meist mit links MB

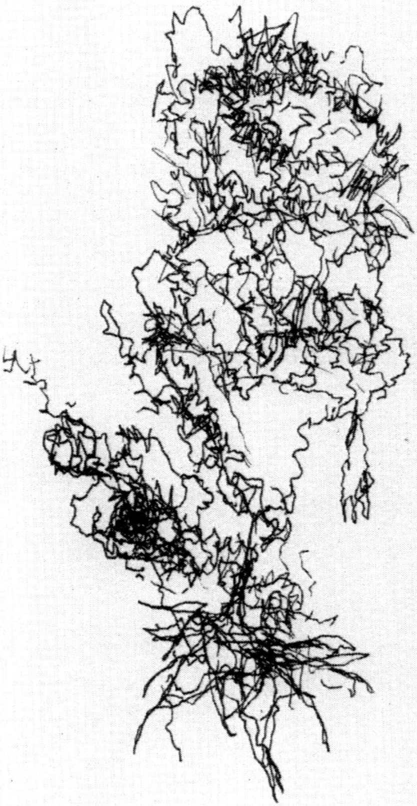

24. 12. 2020 23:15 min.
sehr langsam
länger mit beiden Händen
den Stift gehalten
ruhig! MB

**25.12.2020**

**Tagebucheintrag**

Die heutige Skizze ist sehr dynamisch entstanden. Im Laufe der Zeit wurden die Bewegungen der Hand (hauptsächlich der linken Hand) immer energievoller und kraftvoller. Es war fast wie eine Art Symphonie, die sich dramatisch steigerte. Zugleich hatten diese kraftvollen Bewegungen etwas Befreiendes. Vor allem die Linien unten erinnere ich als einen sehr schnellen intensiven, sich wiederholenden Gestus vor allem der linken Hand.

Im oberen Teil waren die Bewegungen ebenso dynamisch, hatten aber eher etwas Spielerisches oder sogar Verspieltes. Die Bewegungen spielen hier mit unterschiedlichen Richtungen, die sich aber auf ein Zentrum hin konzentrieren.

Während der Bewegung der Hand dachte ich darüber nach, wer meiner Hand die Befehle gab und gibt, gerade diese Bewegung und diese Bewegungsgeschwindigkeit zu vollziehen. Es scheint so zu sein, dass die Hand eine Art Eigenleben entwickelt und dass nur manchmal Gedanken oder Gedankenbruchstücke darin einfließen. Ein wenig ist es wie beim Gehen beispielsweise, wo Automatismen dafür sorgen, dass sich die Beine bewegen. Allerdings bewegt sich die Hand nicht zielgerich-

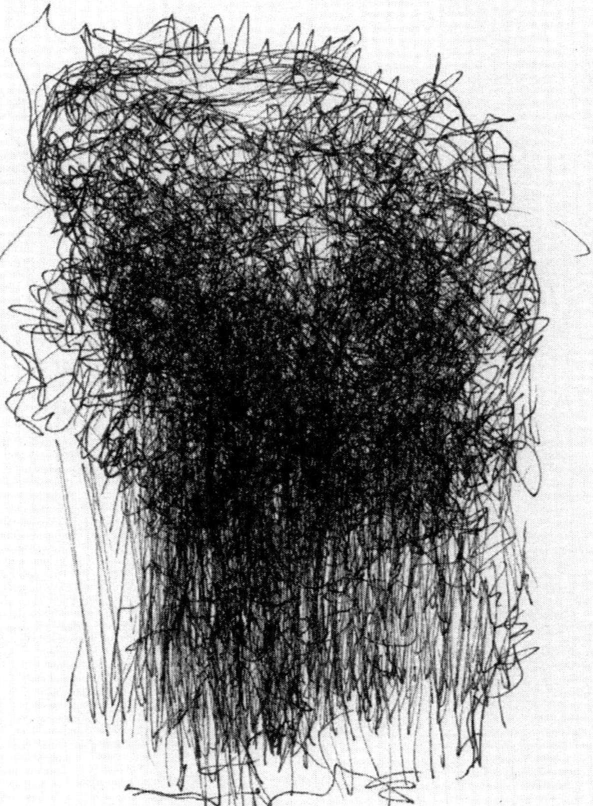

25.12.2020 23:30 min

tet. Je mehr das Denken und Nachdenken zurücktritt, desto mehr macht die Hand einfach etwas, was sich meiner Denkkontrolle entzieht, zumal ich ja auch nicht sehen kann, welche Spuren sie grad mit dem Stift auf dem Papier hinterlässt, da ich ja mit geschlossenen Augen zeichne.

Interessant war, dass heute mehr noch als zuvor die Zeiteinschätzung nahezu völlig verschwunden war. Es war so, als ob vergangene Zeit einfach versickerte und unspürbar wurde. Es scheint beim Skizzieren mit geschlossenen Augen so etwas wie eine Zeiteinstülpung zu entstehen, in die die Zeit verschwindet und nicht mehr erfahrbar oder wahrnehmbar oder rekonstruierbar war. Dennoch war es mit 23:30 Minuten die Zeit, die im normalen Zeit-Spektrum der letzten Zeichnungen liegt. Etwas in meinem Körper (oder Geist) scheint also dennoch so etwas wie ein Zeitempfinden zu haben.

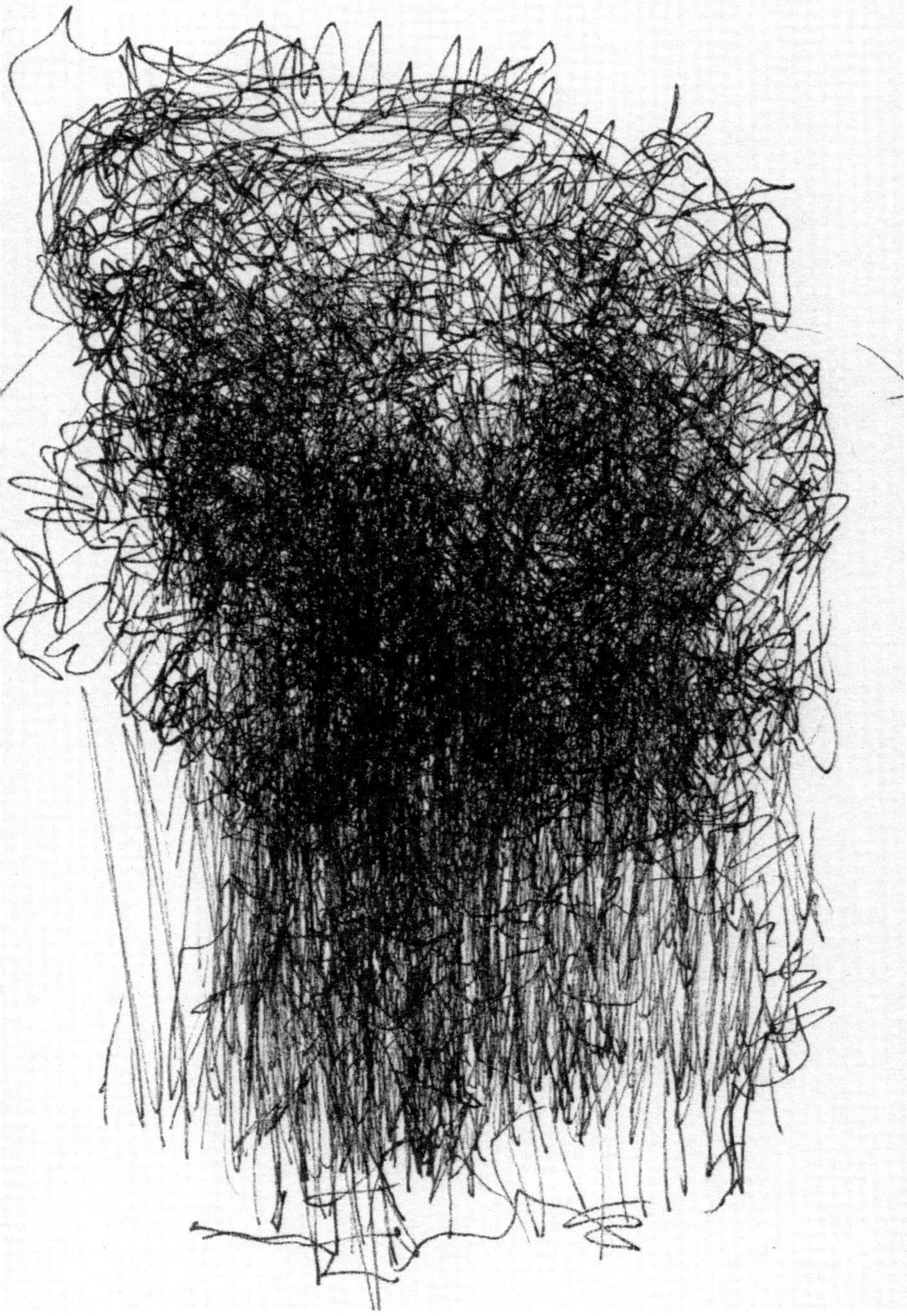

## 26.12.2020

## Tagebucheintrag

Es gibt mindestens einen wesentlichen Unterschied zwischen dem Zeichnen mit geschlossenen Augen und dem Zeichnen mit geöffneten Augen: Ich kann mit geschlossenen Augen nur unwesentlich auf das reagieren, was ich bislang skizziert hatte. Ich habe eine vage Vorstellung von dem, was sichtbar sein könnte. Dazu gehören bei der heutigen Zeichnung beispielsweise die senkrechten Linien im unteren Teil (Detail s. übernächste Seite).

Sie sind nicht zufällig in dieser Bewegung nach unten entstanden, vielmehr haben sich Gedanken eingeschaltet und waren für diese Strichführung leitend. Ich wollte bewusst, dass ich zu dem, was entstanden sein könnte, ein Gegenstück unten sozusagen setze, verbunden durch Linien, die etwas, das unten ist, mit dem, was oben ist, verbinden. Dabei merkte ich – und merke es jedes Mal – dass ich keinerlei genaue Vorstellungen von den Ausdehnungen des Blattes habe. In dieser Zeichnung hatte ich das Gefühl, dass die (wenigen) unteren Linien viel mehr bis zum unteren Blattrand reichen würden. Irgendwie verlor die Hand dann zwischendurch ein Gefühl für die deutliche Trennung von oberem und unterem Bereich.

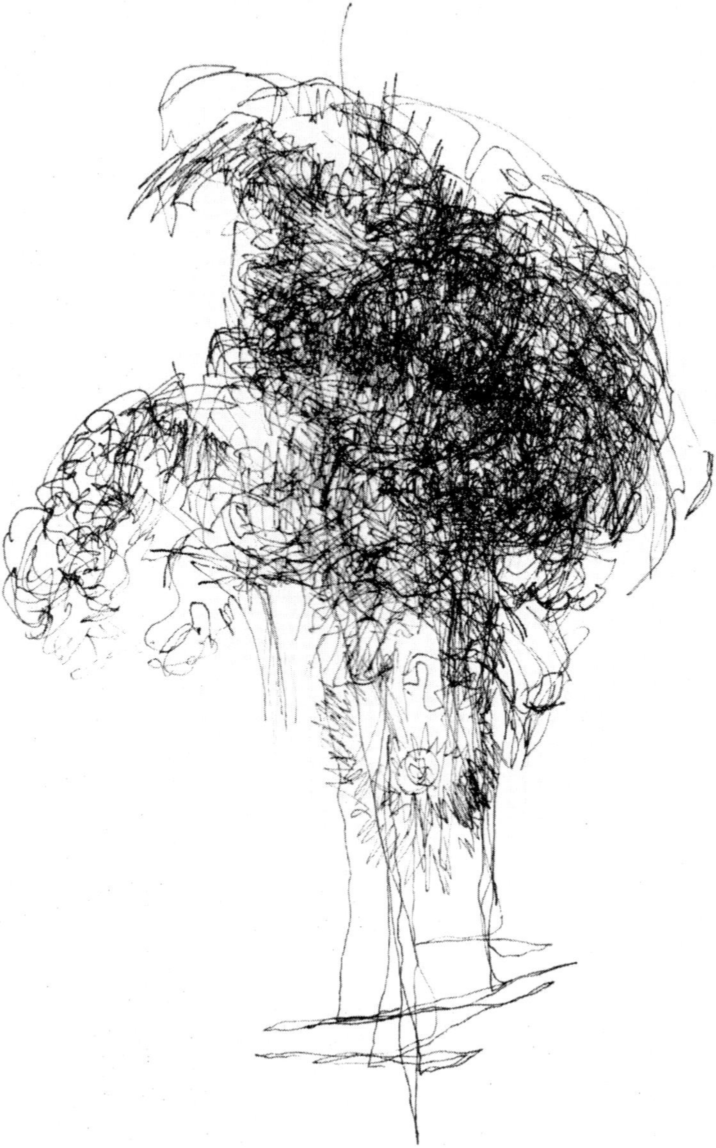

26.12.2020 18:50 min

Zudem verlor dann auch die zeichnende Hand das Interesse an diesem Oben und Unten. Fast war das Bewusstsein dafür störend, dass es diese Teilung von Unten und Oben gab. Auch dass das Ganze nun womöglich wie ein Baum aussehen könnte, störte mich. Wobei ich mich frage, wer mit „mich“ gemeint ist. Dieses „mich“ oder „ich“ ist die Kontrollinstanz, die in den einzelnen Bewegungen der den Stift haltenden Hand eigentlich keine Kontrolle hat. Diese Kontrollinstanz entwickelt eher eine Vorstellung von dem Ganzen und seiner Wirkung, während die einzelnen Bewegungen der jeweiligen Hand sich dieser Kontrolle nahezu völlig entziehen.

Wie zuletzt immer, war die linke Hand heute zum größten Teil diejenige, die zeichnete. Dass ich hier wieder wechselte, war eher gewollt. Mein „Ich“ glaubte zwischendurch, dass die rechte Hand auch zu ihrem Recht kommen sollte. Es fanden auch kaum Berührungen oder Kommunikation statt.

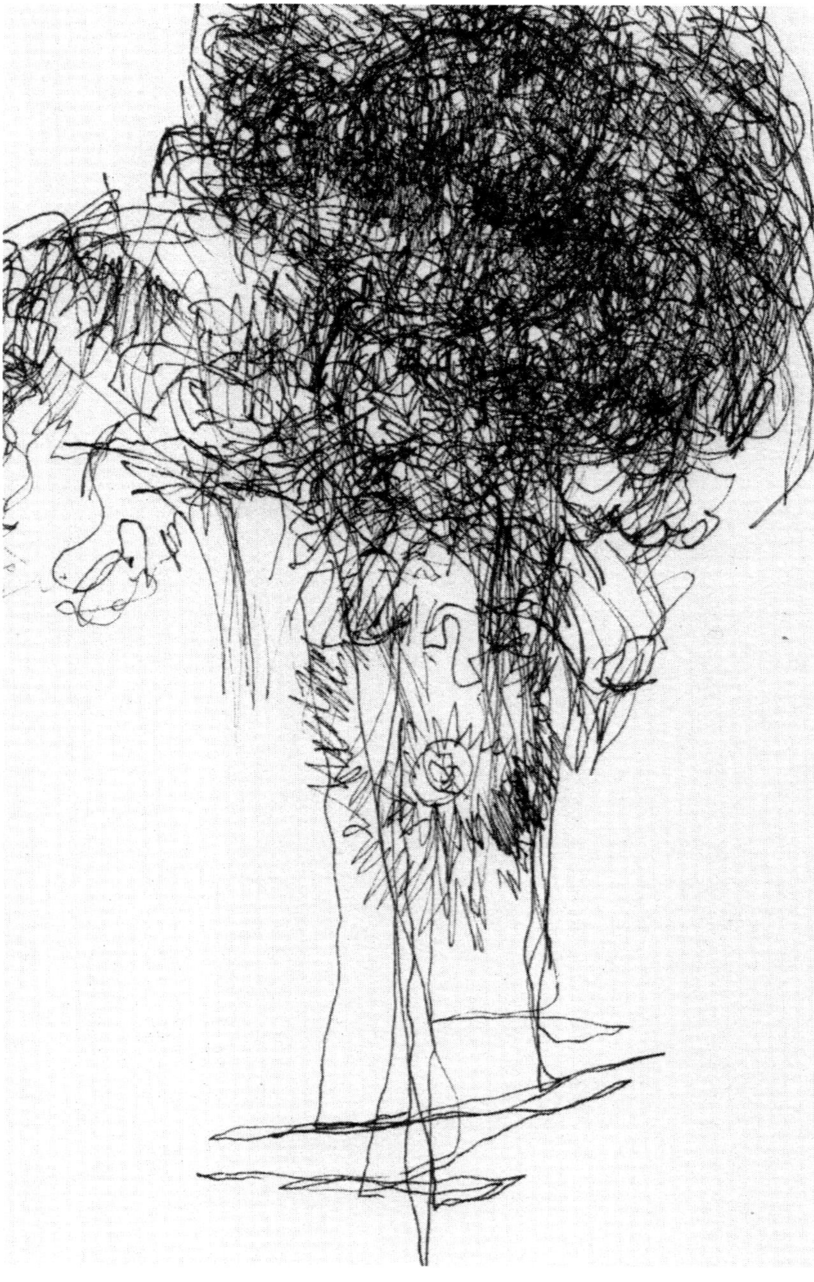

## 27.12.2020

## Tagebucheintrag

Ich hatte mir anfangs vorgenommen, um einen gedachten Punkt herum zu zeichnen. Das habe ich tatsächlich länger durchgehalten. Dort, wo sich die Tinte konzentrierte, merkte ich, dass das Papier weicher war – vermutlich war es feuchter durch die Tinte (siehe auch übernächste Seite im Detail). Ich kritzelte erst nur mit der linken Hand. Als ich die Hand wechselte, begann die rechte Hand irgendwann, sich von dem Prinzip des Umkreisens eines Punktes zu lösen und zugleich weiter auszuholen. Dadurch verlor ich ein Gefühl für die Form, merkte aber, wenn sich der Stift wieder der (durchweichten) Mitte näherte.

Interessant ist, dass links leicht oberhalb von der Mitte ein kleiner fast freier Bereich entstanden ist (s. übernächste Seite), der als Kontrapunkt zur fast schwarzen Mitte gesehen werden kann.

Ebenso interessant finde ich, dass hier mein Denken so etwas wie eine Konzeption vorher festgelegt hat und dass sich die Hände daran lange gehalten haben. Erst spät wurde diese Strenge dann aufgegeben und die Bewegungen wurden ausladender und insgesamt freier.

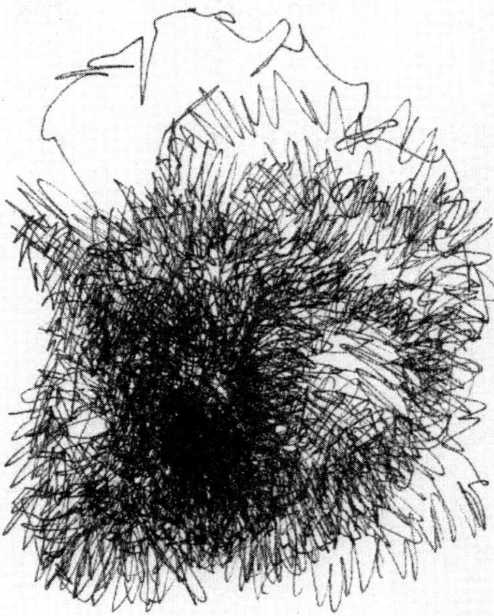

27. 12. 2020 19:40 min

MB

**27.12.2020**

Abbildung oben:

Bereich, über den der Stift und beide zeichnenden Hände sehr oft gezeichnet hatten. Dort wurde das Papier beim Zeichnen feucht und diese Feuchtigkeit konnte ich beim Zeichnen spüren.

Abbildung unten:

Bereich direkt nehmen dem Zentrum, durch den lediglich zwei Linien führen und es wird so etwas wie eine Öffnung oder eine Leerstelle sichtbar.

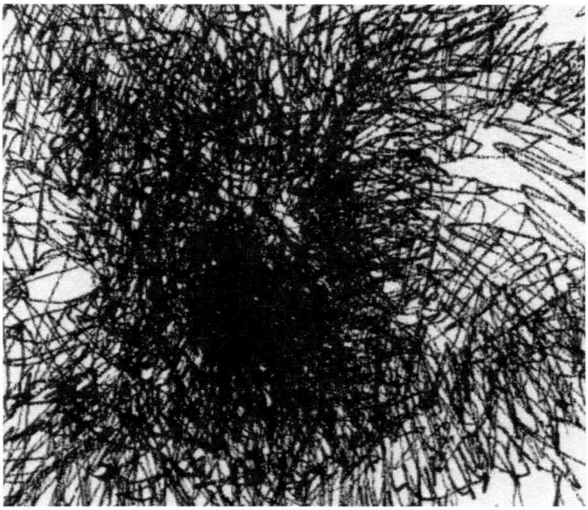

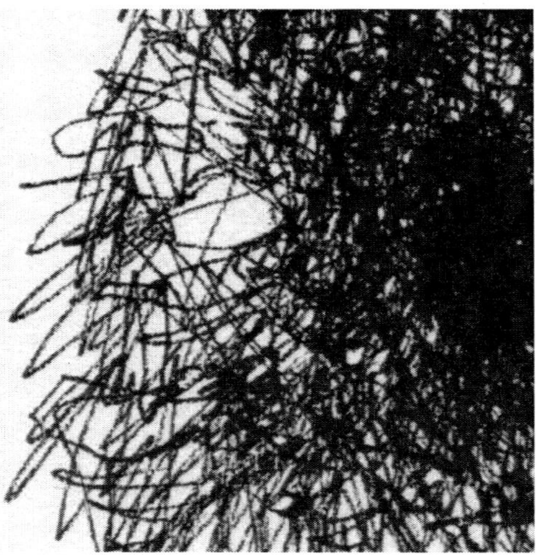

## 28.12.2020

### Tagebucheintrag

Je nach Intensität und Geschwindigkeit der Bewegungen von Hand und Stift ändert sich eine innere Spannung in mir. Es ist Spannung, die ich körperlich merke, aber auch psychisch. Schwer zu beurteilen ist, ob der Ausgang nicht meine Psyche ist, die dazu führt, dass ich schneller skizziere, schnellere Handbewegungen mache. Vermutlich beeinflusst das Eine das Andere und umgekehrt. Ich habe heute damit experimentiert, ob eine bewusste Verlangsamung der Bewegungen des Stiftes zu einer körperlichen und psychischen Beruhigung führt. Dabei habe ich festgestellt, dass eine Verlangsamung zunächst Körperspannungen beispielsweise in der Schulter und im Unterarm wahrnehmbar werden lässt, und dass ich diese durch das langsame entspannte Skizzieren loslassen kann. Zugleich beruhigt sich meine Psyche. Allerdings kann ich diesen Zustand nicht allzu lange halten und die Hand nimmt eigenständig nach kurzer Zeit wieder dynamische Bewegungen auf.

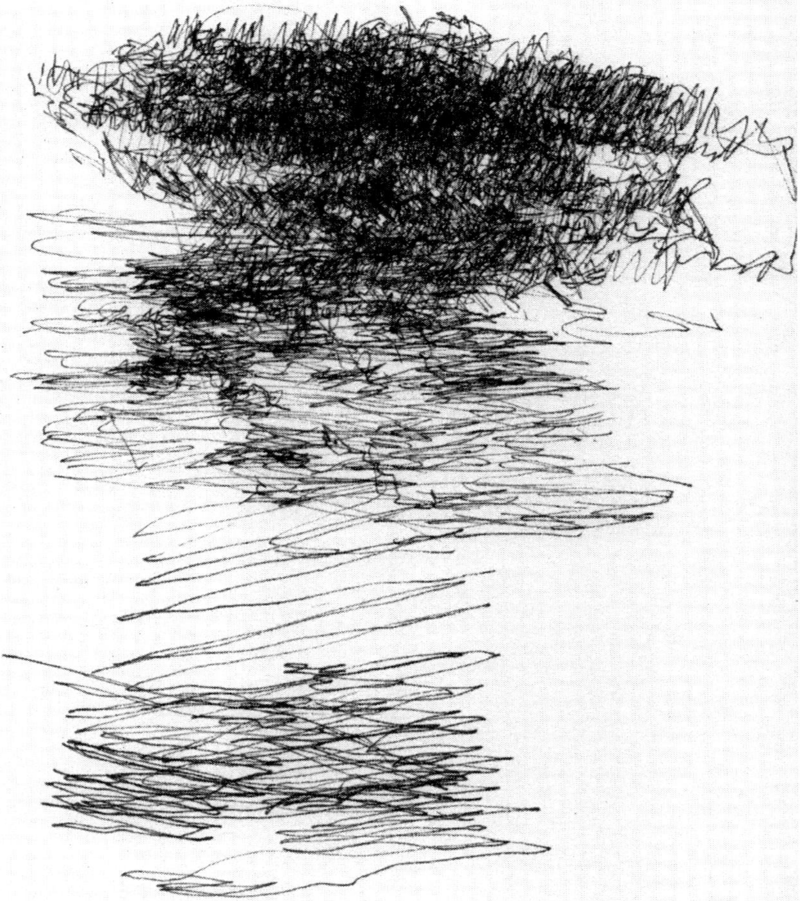

28.12.2020 27:40 min.

MB

## 29.12.2020

### Tagebucheintrag

Ich finde es interessant, dass ich beim Skizzieren die Dimensionen des Blattes überhaupt nicht einschätzen kann. Die senkrechten Linien oben und auch unten sind ein Versuch, die Ausdehnung des Blattes zu erkunden.

Interessant ist zudem, dass meine Hände ein jeweiliges Prinzip nicht durchhalten können – warum auch immer. Mit Prinzip meine ich beispielsweise, dass die Hände nicht durchgehend kleine Bewegungen die ganze Zeit durchführen können, in denen auf die Oberflächenstruktur des Papiers eingegangen wird. Führt die Hand den Stift langsam und mit einem gewissen Druck, so ist die Struktur des Papiers zu spüren und dieses wirkt sich auf die (kleinen) Bewegungen aus. Aber dieses Prinzip hält die jeweilige Hand ebenso wenig durch wie das Gegenteil: Lang gezogene Bewegungen, wie sie sich in dem Blatt oben zeigen.

Zudem fällt mir auf, dass die linke und die rechte Hand sich zunehmend angleichen. Seltsamerweise ist der Arm links beim Zeichnen mit der linken Hand verspannter ist als der rechte Arm, wenn ich mit rechts zeichne. Und das, obwohl ich Linkshänder bin (der allerdings mit rechts zu schreiben gelernt hat).

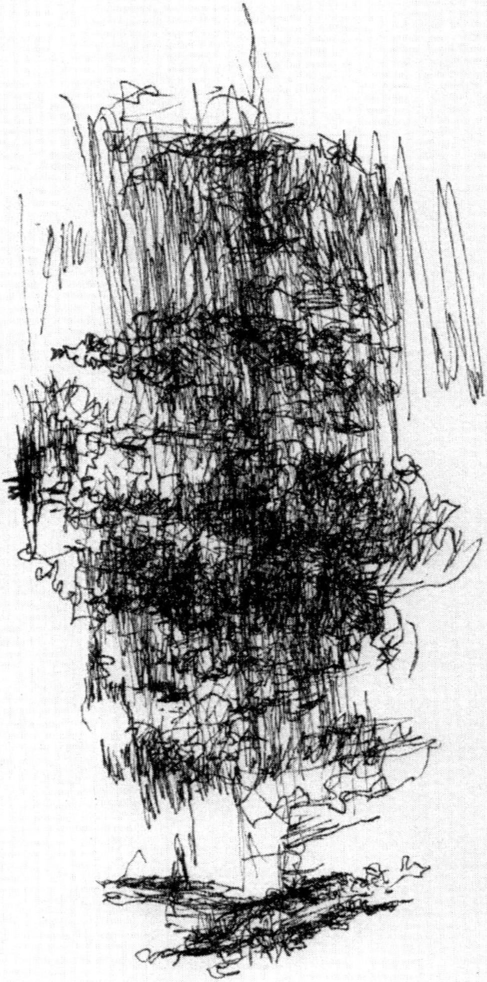

29.12.2020 23:00 uur.

MB

## 30.12.2020

## Tagebucheintrag

Die heutigen Zeichnungsbewegungen der Hand waren aus meiner Sicht eine Mischung aus imaginären Schreibbewegungen und seismischen Ausschlägen.

Wenn ich mit geschlossenen Augen beginne zu zeichnen, dann weiß ich in der Regel nicht, welche Bewegung und mit welcher Intensität die beginnende Hand anfängt. Die ersten Bewegungen ergeben sich aus der allerersten Bewegung der Hand mit dem Stift auf dem Papier. Es kann sich daraus dann im Laufe der Zeit etwas ganz anderes entwickeln. Aus anfänglich kleinen suchenden Bewegungen können sich völlig andere, weit ausholende Bewegungen ergeben. Oder auch umgekehrt.

Heute behielt die jeweils zeichnende Hand die Ausgangsbewegung im Wesentlichen bei. Es entstand so etwas wie ein Hin und Her zwischen Bewegungen nach links und dann nach rechts und so weiter. Irgendwann merkte ich dann, dass die zeichnende Hand dieses Prinzip durchbrechen wollte und Bewegungen tendenziell eher von unten nach oben orientierte. Aber insgesamt hielt sich in der heutigen Skizze das anfängliche Prinzip.

Aufgefallen ist mir, dass ich dann, wenn ich mich von der Aufmerksamkeit für die Zeichenbewegung löste und kurz in einen anderen tieferen meditativen Zustand wechselte, dass die zeichnende Hand zarter und langsamer den Stift bewegte.

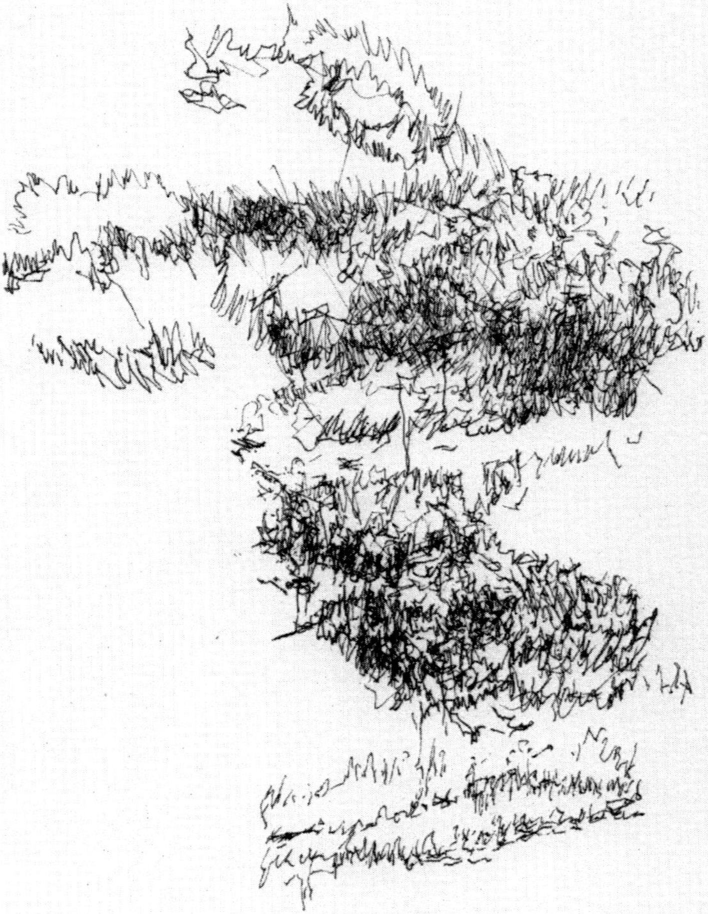

30.12.2020 22:10 min
rechts und links im Wechsel
MB

## 31.12.2020

## Tagebucheintrag

Zunächst: Ich schreibe diesen Tagebucheintrag im ersten Teil, ohne das Bild angeschaut zu haben. Interessant ist, dass ich überhaupt keinerlei Vorstellungen davon habe, wie das Ergebnis nach den 22:30 Minuten aussehen könnte. Ich vermute ein großes Durcheinander zwischen weit ausladenden Bewegungen und konzentrierten langsamen Bewegungen des Stiftes. Ich vermute auch, dass es sich um ein Chaos-Bild handeln wird, ohne Konzentration auf einen Bereich des Blattes. Es könnte sein, dass die Skizze weniger Fläche einbezieht als ich denke.

Mir ist heute aufgefallen, dass ich mich sehr auf Spannungen in meinem Körper konzentriert habe. Überrascht hat mich, dass ich bei manchen größeren Bewegungen der Hand Anspannungen im Kiefer wahrnehmen konnte. Mit dem Entspannen des Kiefers veränderten sich die Bewegungen der Hand, die den Stift führte. Sie wurden kürzer, ruhiger und mit weniger Druck ausgeführt. Einmal bemerkte ich, als die linke Hand zeichnete, dass mein Körper sich leicht nach rechts neigte, so als ob er der Kraft der den Stift führenden Hand entgegensteuern musste. Auch hier veränderte sich die Stiftführung, als ich meinen Körper zentrierte und entspannte. Die Bewegung der Hand wurde weicher.

Ich vermute, dass man die Zeichnungen mit einem Seismografen vergleichen kann, der sich jedoch nicht linear bewegt, sondern in alle Richtungen. Insofern sind die Ausschläge bezogen auf die Zeit nicht so ohne weiteres ablesbar, weil ein Vorher und Nachher nicht mehr erkennbar ist.

So, jetzt schlage ich gespannt die Seite mit der heutigen Skizze auf:

Ich bin ziemlich überrascht, dass die Skizze doch wenig raumgreifend und eher zentriert ist. Ich hätte etwas völlig anderes erwartet – wirre, ausladende Linien bis fast an den Blattrand neben kleinen feinen Bewegungen. Es gibt diese Linien, aber sie bewegen sich nur wenig von einer Art Zentrum weg.

Nachtrag: Ich finde es überraschend, dass, obwohl ich Linkshänder bin (der mit rechts zu schreiben gelernt hat), weniger Körperspannung verspüre, wenn ich mit der rechten Hand skizziere, als wenn ich dies mit der linken tue. Die rechte Hand, dieser etwas absurde Gedanke kam mir von irgendwo her und ich notiere ihn einfach unkommentiert, hat eine „mütterliche Souveränität". Dann müsste die linke Hand eher kindlich sein …

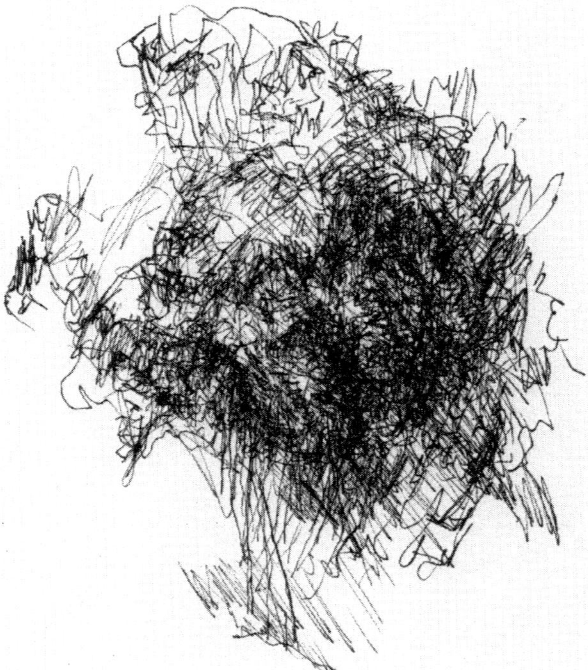

31. 12. 2020
22:30 min.
Wechsel rechts/links

## 01.01.2021

### Tagebucheintrag

So, ich habe mein Blindzeichnen-Projekt heute beendet. Dieses letzte Bild ist in 18:30 min. entstanden. Ich habe öfter die Hände gewechselt. Es ist zuletzt so gewesen, dass die linke und die rechte Hand sich zunehmend gleichberechtigt abwechselten. Diese letzte Zeichnung war sehr dynamisch. Es entstand so etwas wie ein Musikstück, getragen von dem Duktus des Stiftes und dem Geräusch, was dadurch entstand. Ein wenig war es im Laufe der 33 Tage so, als ob sich die beiden Hände zunehmend ‚versöhnt' hätten. Anfangs beanspruchte die linke Hand, die ja nicht meine Schreibhand ist, obwohl ich Linkshänder bin, mehr Dominanz für sich. Teilweise hielt sich die rechte Hand aus den Zeichnungen gewissermaßen raus. Das Konzept, dass beide Hände sich berühren sollten, hatte ich nach einer gewissen Zeit vollkommen aufgegeben.

Diese letzte Zeichnung mit geschlossenen Augen bereitete in gewisser Weise die direkt anschließende mit geöffneten Augen vor, obwohl mir das gar nicht so richtig bewusst wurde. Es war also auch nicht geplant. Links im unteren Drittel befindet sich so etwas wie eine skizzierte Tür oder ein Fenster, etwas, was in der Zeichnung mit geöffneten Augen aufgegriffen wurde.

Und nach der letzten Zeichnung habe ich sofort die nächste angefangen: Ich habe mir die Regel gegeben, ebenfalls 18:30 min. zu zeichnen, diesmal aber mit geöffneten Augen. Auch diesmal habe ich die die Hände gewechselt.

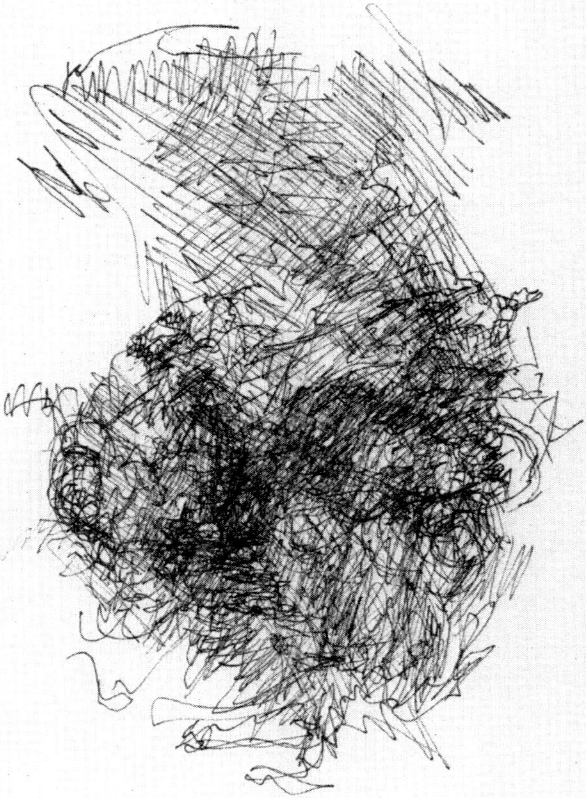

01.01. 2021

18:30 min.

MB

Ich empfinde es so, dass ich noch die Dynamiken der Zeichnungen mit geschlossenen Augen aufgegriffen habe. Als die selbst gesetzte Zeit von 18:30 min. fast zu Ende war, hatte ich das Gefühl, ich muss sehr schnell zeichnen, denn die Skizze war so, dass sie noch nicht fertig war. Indem ich mir jedoch die Zeitvorgabe gesetzt hatte, hatten die Dynamiken der letzten Zeichnungen (die mit geschlossenen Augen) auf diese Zeichnung Einfluss. Das Motiv, fragmentierte alte Häuser mit alten Fenstern, die eher zusammengeschoben, ineinander oder auch auseinanderstreben, kenne ich aus früheren Zeichnungen. Ich habe so ähnliche Motive immer wieder gewählt.

Bei dieser ersten Zeichnung mit geöffneten Augen dachte ich zunächst: Geht das überhaupt, so einfach mit geöffneten Augen weiter zu zeichnen? Ich glaube, es ging deshalb gut, weil ich sofort diese Zeichnung angeschlossen hatte und weil ich mir die Regel gegeben hatte, genauso lange zu zeichnen wie bei der Skizze zuvor. Interessanterweise verging bei dieser Art des Zeichnens die Zeit zunächst langsam, zumal ich nunmehr auf die Stoppuhr schauen konnte, was mir zuvor nicht möglich war. Am Ende aber raste die Zeit förmlich.

01.01.2021 gleiche Zeit wie beim letzten Mal. 18:30 min
jedoch mit geöffneten Augen

## Strukturähnlichkeiten, Pareidolie und Clustering-Illusion

## Oder: Geben die Zeichnungen mit geschlossenen Augen etwa Hinweise auf meine inneren Themen und psychischen Befindlichkeiten?

Die mit geschlossenen Augen gezeichneten Bilder verändern sich mit der vergehenden Zeit in meiner Wahrnehmung. Die Wahrnehmung verändert sich insbesondere dann, wenn ich zwischendurch länger nicht mehr auf die Bilder geschaut habe.

Ich vermute, dass dies ein durchaus bekanntes Phänomen ist. Auch wenn wir uns sehr intensiv mit einem Bild, beispielsweise in einem Museum, beschäftigen, so meinen wir es genau zu erinnern, allerdings ist dies meist ein Irrtum, wenn es beispielsweise um Details geht. Wer erinnert sich beispielsweise exakt an die Landschaft im Hintergrund der „Mona Lisa"? Vermutlich erinnern wir Atmosphärisches, seltener aber exakte Details, es sei denn, wir befassen uns damit sehr intensiv. So geht es mir mit meinen Zeichnungen ebenfalls.

Zudem: Dadurch, dass ich 33 Tage hintereinander täglich ein solches Bild erstellt hatte, verschwinden viele Aspekte der Erinnerung während der Meditation und beim danach Betrachten des jeweiligen Einzelbildes, zumindest bei denen, zu denen ich keine Tagebuchtexte verfasst habe.

Die Rückmeldungen derjenigen Menschen, die diese Bilder betrachteten, beinhalten oft psychologische Deutungen. Aus meiner Sicht sind dies interessante Projektionen. Ich vermute, dass beim assoziativen oder interpretierenden Betrachten unterschiedliche

Narrative ins Spiel kommen. Diese Narrative changieren zwischen eigenen biografischen Bedeutungszuweisungen, Interpretationen meiner vermeintlichen Befindlichkeiten an dem Tag (gedeutet von Menschen, die mich gut kennen) und dem Suchen nach unter Umständen tiefenpsychologischen Archetypen.

Bedeutsam ist dabei, dass die Bilder aus einer Ansammlung von Unbestimmtheitsstellen bestehen, die von Betrachter:innen ausgefüllt werden können. Mit dem Begriff Unbestimmtheitststellen beziehe ich mich auf Roman Ingarden. Es gibt in den Bildern keine identifizierbaren Gegenstände, so dass die Betrachter:innen diese mit ihren eigenen biografischen Assoziationsmodi füllen können.

Aus einer anderen Denkperspektive betrachtet bringen Betrachter:innen Sichtweisen als kreativen Prozesse hervor. Der Neuro-Wissenschaftler und Philosoph Francisco J. Varela schrieb bezogen auf unsere Wahrnehmung unserer Welt: „In dieser meiner Auffassung dient das Gehirn also vor allem dem ständigen Hervorbringen von Welten im Prozess der viablen Geschichte von Lebewesen; das Gehirn ist ein Organ, das Welten festlegt, keine Welt spiegelt." (Varela: 109) Auf dieser Basis betrachtet, bringen die Betrachter:innen ebenso wie ich selbst die interpretierten ‚Bilderwelten' selbst hervor und gleichen sie mit unseren biografischen Seherfahrungen ab. Diese Bilderwelten sind also in den Bildern nicht unbedingt repräsentiert, sondern sie werden von den Betrachter:innen erzeugt. Die kognitiven Fähigkeiten von Menschen sind somit auch beim Betrachten und Deuten der Bilder eine spielerische Hervorbringung von Welt auf „kreative Weise" (vgl. auch Varela: 110)

In der Zeichnung vom 30.12. entdeckte jemand „ein freundliches Affenwesen, das einen riesigen dynamischen Sprung macht, bei dem die Arme nach hinten fliegen" (Betrachterin). Ein Betrachter meinte, dass es sich um „das erste klar erkennbare Motiv in der Reihe handle". Im Bild vom 21.12,. entdeckt derselbe Betrachter „etwas Kopfiges". Eine andere Betrachterin merkt ebenfalls zum 30.12. an: „Wie ein Kind, dass die Beine anwinkelt und die Arme nach hinten nimmt, um gleich zu seinen Freunden in den Fluss zu springen." Hier werden aus meiner Sicht Aspekte wirksam, die zudem mit Pareidolie und Clustering-Illusion zu tun haben.

Werner Stangl beschreibt die beiden Begriffe folgendermaßen: „Als Pareidolie versteht man das Phänomen, in völlig abstrakten Dingen und Mustern vermeintliche Gesichter und vertraute Wesen oder Gegenstände erkennen zu können, wobei das bekannteste Beispiel dafür die Wolken-Bilder darstellen. Die Pareidolie ist eine Variante der Clustering-Illusion, die die menschliche Tendenz beschreibt, zufälligen Mustern, die in ausreichend großen Datenmengen zwangsläufig vorkommen, Bedeutungen und Sinn zuzuschreiben." (Stangl: ohne Seitenangabe). Mir geht es beispielsweise so, dass ich in dem Bild vom 26.12. rechts oberhalb der Mitte immer ein Auge entdecke. In welchem Verhältnis die Zufälligkeit und die nicht erinnerte Zielgerichtetheit der Musterbildungen hier eine Rolle spielt, ist schwer einzuschätzen. Mit Zielgerichtetheit meine ich, ob ich womöglich zwischendurch gezielt ein Auge gezeichnet hatte. Ich vermute aber, dass das in den Bildern von Betrachter:innen Erkannte eher etwas mit den Betrachter:innen zu tun hat als mit tatsächlichen Bildinhalten.

Je nach Nähe oder Ferne der Betrachtung verändern sich die Bildwirkungen in der Wahrnehmung. Auch die Möglichkeiten etwas Gegenständliches wie Gesichter, Figuren oder Dinge zu sehen, hängt von dem Grad der Nähe oder Distanz ab. Je dichter man dem Liniengewirr kommt, desto stärker lösen sich mögliche hinein interpretierbare Gegenstände, Figuren oder auch Gesichter auf.

Ich persönlich betrachte die entstandenen Bilder als Möglichkeiten, darin Spaziergänge zu unternehmen. Ich springe dabei zwischen den Wahrnehmungsebenen: Manchmal sehe ich für einige Momente Dinge darin, wie beispielsweise ein Gesicht

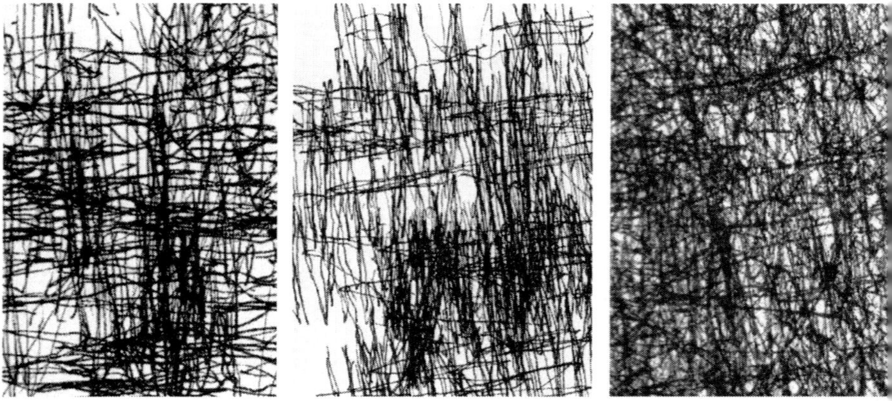

Details aus den Zeichnungen von 12.12., 15.12. und 16.12. mit tendenziell rechtwinklig zu einander gesetzten Linien

oder Teile eines Hauses (oder das oben erwähnte Auge), dann interessieren mich Verdichtungen von sich überlagernden Linien und deren Auflösungen, wenn ich weiter im Bild ‚herumwandere'. Ich bin erstaunt, dass viele Gebilde in sich geschlossen sind und sich relativ wenig nach außen auflösen.

Interessant wäre aber, probeweise darüber nachzudenken, dass bestimmte Aspekte des Zeichnens mit geschlossenen Augen in keinem der Zeichnungen zu sehen sind:

Zum Beispiel gibt es keine zwei oder mehrere völlig beziehungslose und unverbundene Gebilde, die in den Bildern sichtbar werden. Es wäre ja denkbar, dass ich mit geschlossenen Augen beispielsweise oben auf dem Papier etwas skizziert hätte und losgelöst davon und unverbunden unten etwas anderes. Es gibt auch keine ornamentalen Muster oder deutlich sichtbare Versuche etwas Gegenständliches darzustellen, also beispielsweise ein Haus oder ein Gesicht. Warum es so etwas nicht gibt, darauf habe ich keine Antworten.

Bei meinen ‚Spaziergängen' in und durch die Bilder entdecke ich zudem neben den Ähnlichkeiten in den Darstellungen auch Familienähnlichkeiten (ein von Ludwig Wittgenstein verwendeter Begriff) in Teilaspekten zwischen den Bildern. Es gibt zum Beispiel zu meiner Überraschung beim Vergleich der Bilder häufiger tendenziell rechtwinklig zueinander platzierte Strichführungen. Ich erinnere mich, dass ich dies zumindest in einem Bild (15.02.) bewusst gemacht habe.

Bei meinen Streifzügen durch die Bilder ist mir aufgefallen, dass es zuweilen (zufällige) gewissermaßen

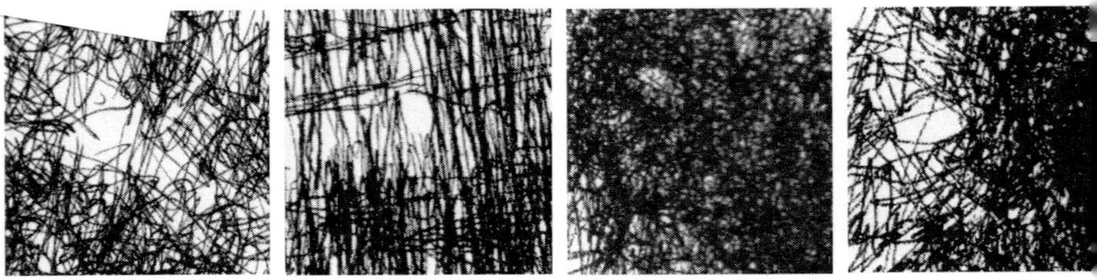

Details aus den Zeichnungen von 10.12., 11.12.,15.12. und 27.12. mit ‚Durchblicken'

‚Durchblicke' gibt, die neben verdichteten Strichüberlagerungen auftauchen und durch diesen Kontext auffallen. Dazu einige Beispiele auf den beiden gegenüberliegenden Seiten!

**Geben die ‚Zeichnungen mit geschlossenen Augen' Hinweise auf innere Themen und psychische Befindlichkeiten während des Zeichnens beim Meditieren?**

Unter semiotischen Aspekten kann man den entstandenen Bildern oder Aspekten von ihnen Zeichenfunktionen zuordnen. Sie könnten zum Beispiel als Zeichen für bestimmte psychologische Befindlichkeiten gedeutet werden, denen ich unbewusst durch die Zeichnungen einen jeweiligen Ausdruck gegeben habe. Indem jemand, also eine Betrachterin oder ein Betrachter, den Bildern Bedeutung zuordnet, deutet er oder sie diese als Zeichen, möglicherweise auch als Zeichen für bestimmte psychologische Themen desjenigen, der sie erstellt hat. Also, sie könnten beispielsweise als Zeichen für meine jeweiligen Gefühlszustände gedeutet werden.

Solche zugeschriebenen Zeichenfunktionen müssen aber keineswegs allgemeinere, überprüfbare Gültigkeiten haben.

Sie könnten in diesem Sinne vor allem als Zeichendeutungen verstanden werden, die als Angebot zu interpretieren sind, um über das Wahrgenommene zu kommunizieren. In der Auseinandersetzung über mögliche wahrgenommene oder interpretierte Bedeutungen durch Betrachter:innen kann ich als Autor der Bilder versuchen, diese Bedeutung mit meinen Selbstwahrnehmungen und Befindlichkeiten abzugleichen und ggf. Zusammenhänge wahrzunehmen, die ich sonst nicht wahrgenommen hätte.

Villeicht wäre es jedoch interessant, von mir als Autor der Zeichnungen in der Deutung wegzugehen und den Fokus auf den jeweiligen Betrachter oder die Betrachterin zu lenken. Das, was Betrachter:innen in den Bildern entdecken, sagt unter Umständen mehr über die Betrachter:innen und deren Interessen und Themen aus, als über mich, der ich diese Bilder mit geschlossenen Augen gezeichnet habe. So könnten Anlässe zur Kommunikation über Wahrnehmungen und auch Bilderfahrungen in Gang gesetzt werden. Vielleicht könnte im Diskurs über das in die Bilder Hineininterpretierte die eigenen Projektionen der Betrachter:innen sichtbar und thematisiert werden.

Ebenso könnte erprobt werden, wie das, was zur Anschauung kommt und mit Bedeutung versehen wird, durch unterschiedliche räumliche Distanzen oder auch Nähen zu Neu- oder Uminterpretationen führen kann. Denn vieles, was man mit einem bestimmten Abstand beispielsweise als Figuren oder Gesichter interpretieren kann, löst sich auf oder ändert sich, wenn man die jeweilige Zeichnung sehr nahe an die Augen führt. Diesen Effekt habe ich insbesondere beim Einscannen von Details wahrgenommen.

## Nachgedanke

Beim unregelmäßigen Betrachten der entstandenen Bilder kommen mir einige zunehmend vertraut vor, auch wenn sie sich aus ihrem Entstehungszusammenhang lösen. Es gibt Zeichnungen, die ich länger betrachte als andere. Zu ihnen gehört vor allem das Bild vom 16.12. Mir gefällt das Konzentrierte und Verdichtete. Manchmal scheint es mir, als ob sich dahinter etwas verbirgt, dass sich durch diese Verdichtungen zu zeigen vermag. Es scheint mir so, als ob etwas mich betrachtet, während ich das Bild betrachte.

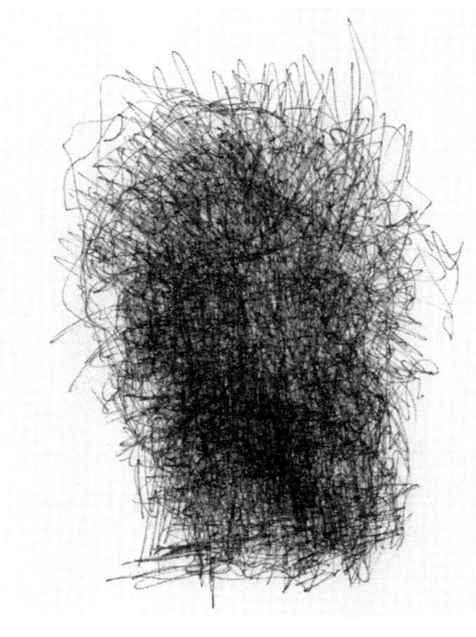

## Literatur

Birbaumer, Niels: Dein Gehirn weiß mehr als du denkst. Neueste Erkenntnisse aus der Hirnforschung. Berlin 4/2014

Buchholz, M. B.: Wie sich implizites Wissen bei Therapeuten entwickelt: Eine Skizze. In P. Geißler & A. Sassenfeld (Eds.), Therapie & Beratung. Jenseits von Sprache und Denken: Implizite Dimensionen im psychotherapeutischen Geschehen. Gießen. 2013

Csikzentmihalyi, Mihaly: Flow und Kreativität. Wie Sie Ihre Grenzen überwinden und das Unmögliche schaffen. Stuttgart 2014

Hempel, Karl-Heinz: Alle Menschen sind Buddha. Der Weg des Zen. Leipzig. 2002

Ingarden, Roman: Das literarische Kunstwerk. 3. Auflage Tübingen 3/1965

Iser, Wolfgang: Der Akt des Lesens. Theorie ästhetischer Wirkung. München. 1976

Levine, Robert: Eine Landkarte der Zeit. Wie Kulturen mit Zeit umgehen. München 1999

Lippe zur, Rudolf: Sinnenbewusstsein. Grundlegung einer anthropologischen Ästhetik. Reinbek b. Hamburg 1987

Ott, Ulrich: Meditation für Skeptiker. Ein Neurowissenschaftler erklärt den Weg zum Selbst. München 2015

Rovelli, Carlo: Die Ordnung der Zeit. Reinbek b. Hamburg 2/2018

Singer, Wolf / Ricard, Matthieu: Hirnforschung und Meditation. Ein Dialog. Frankfurt/M. 8/2015

Stangl, Werner (2021). Stichwort: ‚Pareidolie'. Online Lexikon für Psychologie und Pädagogik. www. https://lexikon.stangl.eu/17295/pareidolie/ (2021-01-10)

Varela, Francisco J.: Kognitionswissenschaft – Kognitionstechnik. Eine Skizze aktueller Perspektiven. Frankfurt/M. 1990

Wittmann, Marc: Gefühlte Zeit. Kleine Psychologie des Zeitempfindens München, 2012